Je veux aller mieux.

Table des matières

Introduction

Prendre conscience du besoin de changement intérieur

Pendant longtemps, je me suis senti piégé dans un mal-être constant, comme si chaque journée était une nouvelle bataille. Je ne pouvais pas expliquer exactement pourquoi, mais c'était là, présent, chaque matin, chaque soir. Ce sentiment d'insatisfaction, de ne jamais être vraiment bien, devenait presque une habitude. Il m'a fallu du temps pour comprendre que la première étape pour aller mieux, c'est de réaliser qu'on a besoin de changer, qu'on ne peut pas continuer ainsi.

Si vous tenez ce livre entre vos mains, c'est probablement parce que, vous aussi, vous ressentez quelque chose de similaire. Vous savez que quelque chose ne va pas, mais il est difficile de mettre des mots dessus. La vie vous semble peut-être plus difficile qu'elle ne devrait l'être. Cette sensation de lourdeur ou de manque de motivation, cette fatigue émotionnelle qui s'installe sans crier gare. Croyez-moi, je suis passé par là.

J'ai passé des années à essayer de camoufler ce mal-être, à ignorer les signaux que mon corps et mon esprit m'envoyaient. Ce n'est que lorsque j'ai pris conscience que ce n'était pas « normal » de se sentir ainsi, que j'ai pu commencer à chercher des solutions. Cette prise de conscience a été la première étape d'un long chemin vers un bien-être durable.

Se rendre compte qu'on a besoin de changer n'est pas facile. Cela nécessite de regarder la vérité en face, et parfois, cette vérité fait mal. Mais c'est un mal nécessaire. Sans cette prise de conscience, il est impossible d'aller mieux. On ne peut pas réparer ce qu'on ne reconnaît pas comme cassé.

Je vous invite à réfléchir à votre propre situation. À quoi ressemble votre quotidien ? Y a-t-il des moments où vous vous dites que les choses pourraient être différentes, mais vous n'arrivez pas à les changer ? Si c'est le cas, c'est déjà un bon signe. Vous êtes en train de prendre conscience de ce besoin de transformation. C'est la première étape, et elle est cruciale.

Beaucoup d'entre nous passent leur vie à fuir cette vérité, à se dire que c'est juste une mauvaise passe, ou que demain sera meilleur. Et parfois, c'est vrai. Mais souvent, demain ressemble à aujourd'hui, et le cycle continue. C'est épuisant, n'est-ce pas ?

Il est donc essentiel de commencer par accepter que ce que vous ressentez est légitime. Vous n'avez pas besoin de minimiser vos émotions ou de les ignorer. Vous avez le droit de vouloir aller mieux, de vouloir plus pour vous-même. Ce livre vous guidera dans ce processus, mais la première étape dépend entièrement de vous : reconnaissez que vous méritez de vous sentir bien.

Je me souviens d'un jour particulier où cette prise de conscience m'a frappé de plein fouet. J'étais dans un café, assis devant une tasse de thé que je n'avais même pas envie de boire. J'avais passé toute la journée à me sentir déconnecté de moi-même, incapable de trouver une once de motivation. C'est à ce moment-là que j'ai réalisé que je ne pouvais pas continuer ainsi. Ce n'était pas la vie que je voulais. Ce jour-là, j'ai pris la décision de changer, et vous pouvez faire de même.

Vous voyez, le fait de reconnaître ce besoin de changement est le premier pas vers la liberté. C'est une libération intérieure. Cela peut sembler effrayant, mais c'est aussi incroyablement puissant. Car une fois que vous êtes conscient de votre état, vous avez le pouvoir de changer les choses.

Alors, aujourd'hui, faites ce choix. Prenez la décision de reconnaître ce que vous ressentez et d'accepter qu'il soit temps pour vous de commencer à aller mieux. Vous n'êtes pas seul. Je suis passé par là, et je peux vous dire que les choses peuvent vraiment s'améliorer. Ce livre vous donnera les outils dont vous avez besoin, mais vous devez d'abord vouloir les utiliser.

La prise de conscience est un moment clé dans le cheminement vers le bien-être. C'est le point de départ. Alors, ne craignez pas de regarder en face ce qui vous empêche d'avancer. Vous méritez de vous sentir bien, et ce voyage commence ici, avec cette simple prise de conscience.

Chapitre 1

Découvrir son potentiel

Lorsque j'ai commencé mon cheminement pour aller mieux, après avoir pris conscience de mon besoin de changement, j'ai rapidement réalisé que je devais redécouvrir qui j'étais vraiment. Pendant des années, j'avais fonctionné presque en pilote automatique, subissant les hauts et les bas sans véritablement comprendre ce qui se passait en moi. Comme si ma véritable essence, mon moi profond, s'était effacé sous le poids des responsabilités, des doutes et des peurs.

Si vous êtes en train de lire ce livre, c'est probablement que vous aussi, vous ressentez ce besoin de vous reconnecter à vous-même. Peut-être que vous avez l'impression de ne plus savoir ce qui vous anime vraiment, de ne plus reconnaître la personne que vous êtes devenue au fil des années. Je veux vous rassurer tout de suite : cette personne, cette essence, elle est toujours là, en vous, intacte. Il ne s'agit pas de la créer ou de la forcer à émerger, mais simplement de la redécouvrir.

Personnellement, ce processus a été l'un des plus libérateurs de mon parcours vers le mieux-être. Pendant des années, j'avais cru que mon mal-être faisait partie de moi, qu'il était en quelque sorte inscrit dans mon ADN. Je m'étais habitué à vivre avec cette douleur, à la considérer comme une partie intégrante de ma personnalité. Mais j'ai fini par comprendre que ce n'était pas le cas. Le mal-être était une réaction, une couche superficielle qui s'était formée au fil du temps, masquant ma véritable essence.

La première étape pour se reconnecter à soi-même, c'est d'accepter que ce que vous ressentez actuellement ne définit pas qui vous êtes. Nous avons tous des pensées négatives, des moments de doute, des phases de vie où tout semble difficile. Mais cela ne fait pas de vous une personne brisée. Votre essence, votre potentiel, tout cela est toujours là, en sommeil, attendant que vous décidiez de lui donner à nouveau la place qu'il mérite.

Je me souviens d'un moment précis où j'ai commencé à vraiment comprendre cela. Je venais de terminer une journée particulièrement éprouvante, où tout semblait aller de travers. En rentrant chez moi, je me suis assis dans le silence et j'ai fermé les yeux. J'ai essayé de me concentrer sur mes pensées, sur ce que je ressentais. Et là, j'ai réalisé que mes pensées étaient comme un tourbillon, une sorte de brouillard épais qui m'empêchait de voir clairement. Mais sous ce brouillard, il y avait autre chose. Une paix, un calme, une force que je n'avais pas ressentie depuis longtemps.

C'est ce jour-là que j'ai compris que pour aller mieux, je devais me reconnecter à cette force intérieure, à cette essence qui, malgré tout, était toujours là. Et c'est ce que je veux vous aider à faire dans ce chapitre. Car vous aussi, vous avez en vous cette paix, cette force, ce potentiel. Vous n'avez peut-être simplement pas eu l'occasion de la redécouvrir récemment.

Alors, comment faire pour se reconnecter à cette essence intérieure ? Il n'y a pas de méthode unique, mais voici quelques pistes qui ont fonctionné pour moi et que vous pouvez adapter à votre propre situation.

La première chose à faire, c'est de prendre du recul. Lorsque nous sommes plongés dans notre quotidien, il est facile de se laisser happer par les problèmes, les obligations, les contraintes. Nous avons peu de temps pour réfléchir à qui nous sommes vraiment. C'est pourquoi il est essentiel de s'accorder des moments de pause, de silence. Cela peut être en méditant, en marchant seul, ou simplement en vous asseyant dans un endroit calme sans distractions. Ces moments de recul vous permettent de vous reconnecter à vous-même, de faire le tri entre ce qui vous appartient vraiment et ce qui a été imposé par l'extérieur.

Ensuite, il est important de se poser les bonnes questions. Lorsque j'ai commencé à travailler sur moi-même, je me suis souvent demandé : « Qu'est-ce qui me rendait heureux dans le passé ? Quelles sont les activités qui me faisaient perdre la notion du temps ? » En répondant à ces questions, j'ai réalisé que certaines choses que j'avais mises de côté depuis des années étaient en réalité des sources profondes de joie pour moi. Peut-être que pour vous, c'est la même chose. Peut-être que vous avez laissé des passions, des rêves de côté. Il est temps de les redécouvrir.

Une autre étape cruciale est d'apprendre à vous écouter. Cela peut sembler évident, mais combien d'entre nous passent réellement du temps à écouter leur propre corps, leurs propres émotions ? Nous sommes souvent tellement occupés à répondre aux attentes des autres, à gérer le quotidien, que nous oublions de prêter attention à ce que nous ressentons vraiment. Pourtant, votre corps et vos émotions sont de précieux indicateurs de ce qui se passe en vous. Prenez le temps de les écouter, de les comprendre. Si quelque chose vous met mal à l'aise, si une situation vous stresse, ce n'est pas pour rien. Cela peut être un signe que vous vous éloignez de votre essence.

Enfin, soyez bienveillant avec vous-même. Ce processus de reconnexion à votre essence ne se fera pas en un jour. Il demande du temps, de la patience, et parfois, vous aurez l'impression de ne pas avancer. C'est normal. Mais chaque petit pas que vous ferez vers vous-même vous rapprochera un peu plus de cette paix intérieure que vous recherchez.

Pour moi, ce cheminement a été long, mais il en valait la peine. Aujourd'hui, je me sens enfin aligné avec qui je suis vraiment, et cela me permet de faire face aux défis de la vie avec beaucoup plus de sérénité. Je souhaite sincèrement que vous puissiez, vous aussi, retrouver cette connexion avec votre essence. Car c'est en étant en harmonie avec vous-même que vous pourrez réellement aller mieux.

Chapitre 2

Penser autrement

Après avoir pris conscience de mon besoin de changement et commencé à me reconnecter à ma véritable essence, j'ai réalisé que l'une des principales raisons pour lesquelles je me sentais constamment mal était liée à mes pensées. Nous sous-estimons souvent le pouvoir de nos pensées sur notre bien-être. Elles façonnent littéralement notre perception du monde et influencent directement la manière dont nous vivons chaque situation.

Pendant longtemps, mes pensées étaient mon propre ennemi. Chaque matin, en me réveillant, la première chose qui me venait à l'esprit était une série d'inquiétudes et de doutes. « Comment vais-je réussir à traverser cette journée ? », « Est-ce que je suis assez compétent ? », « Est-ce que les choses finiront par s'améliorer un jour ? » Ces questions tournaient en boucle, et inévitablement, elles façonnaient la manière dont je percevais ma réalité. Tout semblait plus difficile, plus lourd.

Beaucoup de personnes qui souffrent de mal-être sont piégées dans ce cycle de pensées négatives et limitantes. Mais la bonne nouvelle, c'est que ces pensées peuvent être changées. Vous n'êtes pas condamné à penser de cette manière pour le reste de votre vie.

La première étape pour transformer ses schémas mentaux limitants est de prendre conscience de leur existence. Nos pensées sont souvent automatiques, et nous ne les remettons pas en question. Mais ces pensées ne sont pas des faits. Elles sont simplement le reflet de nos croyances, de nos peurs, et de nos expériences passées. Une fois que vous réalisez cela, vous pouvez commencer à les déconstruire.

Je me souviens d'une période particulièrement difficile où mes pensées étaient presque exclusivement négatives. J'avais l'impression que tout ce que je faisais échouait, que je n'avais aucune valeur. Ces pensées étaient tellement ancrées en moi que je ne me rendais même pas compte à quel point elles influençaient mon comportement. Et puis, un jour, j'ai commencé à observer ces pensées, à les écrire sur papier. C'était un exercice simple, mais révélateur. J'ai réalisé que beaucoup de ces pensées étaient irrationnelles, voire complètement fausses.

Prenez un moment pour réfléchir aux pensées qui vous traversent l'esprit au quotidien. Sont-elles majoritairement positives ou négatives ? Vous encouragent-elles à avancer ou vous freinent-elles ? Si elles vous freinent, il est temps de les remettre en question.

Un des exercices que je trouve particulièrement efficace est ce qu'on appelle le « recadrage cognitif ». Il s'agit de prendre une pensée négative, par exemple : « Je n'y arriverai jamais », et de la reformuler de manière plus positive et réaliste : « Cela prendra du temps, mais je peux y arriver si je m'y engage vraiment. » Ce simple changement de perspective peut avoir un impact immense sur la manière dont vous abordez vos défis.

Mais attention, transformer ses pensées ne signifie pas les ignorer ou les refouler. Il est important de reconnaître vos pensées, de les accepter, mais de ne pas leur donner plus de pouvoir qu'elles n'en ont. Vous avez le contrôle sur vos pensées, et non l'inverse.

Je tiens à vous partager une autre pratique qui m'a beaucoup aidé : la méditation. La méditation m'a appris à observer mes pensées sans y réagir immédiatement. Elle m'a permis de créer une distance entre moi et mes pensées, de comprendre que ces dernières ne définissent pas qui je suis. Si vous n'avez jamais médité auparavant, je vous encourage à essayer. Même quelques minutes par jour peuvent avoir un effet bénéfique sur votre esprit.

Enfin, soyez patient avec vous-même. Changer ses schémas mentaux ne se fait pas du jour au lendemain. Cela demande de la pratique, de la persévérance, et parfois, il y aura des rechutes. Mais chaque petit pas que vous ferez dans la bonne direction vous rapprochera du mieux-être. Je peux vous assurer que ça en vaut la peine.

Aujourd'hui, je me sens libéré de ces schémas limitants qui m'emprisonnaient. Je ne dis pas que je n'ai plus jamais de pensées négatives, bien sûr que j'en ai, mais je sais désormais comment les gérer, comment les transformer. Et cela a fait toute la différence dans ma vie. Mon souhait est que vous puissiez, vous aussi, transformer vos pensées et découvrir la liberté et la paix intérieure qui en découlent.

Chapitre 3

Mieux comprendre ses réactions

Pendant des années, mes émotions prenaient souvent le dessus, sans que je comprenne pourquoi. Un simple événement, une remarque anodine, et je me retrouvais submergé par des vagues d'émotions que je n'arrivais pas à contrôler. Cela a eu un impact énorme sur ma qualité de vie. Chaque jour semblait être un combat entre mon esprit rationnel et mes émotions imprévisibles.

Ce que j'ai découvert au fil du temps, c'est que ces réactions émotionnelles excessives ne viennent pas de nulle part. Elles sont souvent le résultat de croyances ou de schémas mentaux bien ancrés qui déclenchent des réponses émotionnelles disproportionnées. Par exemple, lorsque quelqu'un me critiquait, même de manière constructive, je le prenais comme une attaque personnelle. Cela éveillait en moi un sentiment de rejet que je n'arrivais pas à comprendre à l'époque.

Beaucoup de personnes vivent des conflits internes similaires, oscillant entre des pensées rationnelles et des émotions qui semblent incontrôlables. La bonne nouvelle, c'est que vous pouvez apprendre à équilibrer ces deux aspects de votre vie intérieure. Et c'est une clé essentielle pour aller mieux.

Comprendre la relation entre l'esprit et les émotions est primordial. Nos pensées influencent nos émotions, et inversement. C'est un cercle. Par exemple, si vous avez tendance à vous dire constamment que vous n'êtes pas à la hauteur, vos émotions suivront cette pensée et vous vous sentirez démotivé ou triste. À l'inverse, si vous ressentez une forte émotion, comme la colère ou l'anxiété, elle aura tendance à alimenter des pensées négatives.

L'un des outils qui m'a aidé à créer cet équilibre entre l'esprit et les émotions est la prise de conscience. J'ai commencé à prendre du recul à chaque fois que je sentais une émotion forte monter en moi. Je m'asseyais quelques instants et je me posais la question : « Qu'est-ce que je ressens vraiment ? » Cette simple action m'a permis d'arrêter de réagir de manière impulsive, et de mieux comprendre pourquoi je ressentais cette émotion. Parfois, c'était lié à une peur enfouie, parfois à un souvenir du passé.

Une autre méthode efficace est ce qu'on appelle la « dissociation cognitive ». Cela consiste à se détacher légèrement de ses émotions, pour les observer comme si elles étaient extérieures à vous. Par exemple, au lieu de dire « Je suis en colère », vous pouvez dire « J'ai de la colère en moi ». Ce petit changement dans la manière de formuler vos émotions vous permet de ne pas vous identifier à elles, et donc de mieux les gérer. Vous n'êtes pas vos émotions, vous les ressentez, et c'est une nuance importante.

Mais l'équilibre entre l'esprit et les émotions ne se construit pas du jour au lendemain. Il s'agit d'un travail de fond, qui demande du temps et de la patience. Personnellement, j'ai mis plusieurs mois à vraiment comprendre et appliquer ces concepts. Et même aujourd'hui, il m'arrive encore de perdre cet équilibre temporairement. Mais la différence, c'est que désormais je sais comment le retrouver.

Un autre point essentiel est d'accepter que toutes les émotions ont leur place. Parfois, nous avons tendance à vouloir fuir les émotions négatives, comme la tristesse ou la colère, en pensant qu'elles sont mauvaises. Mais ces émotions ont un rôle. Elles sont des signaux que quelque chose ne va pas. Plutôt que de les ignorer ou de les refouler, je vous encourage à les accueillir et à essayer de comprendre leur message.

Une émotion, qu'elle soit positive ou négative, est comme une boussole intérieure. Si vous ressentez de la tristesse, cela peut être un signe que vous avez besoin de prendre soin de vous, de ralentir. Si vous ressentez de la colère, cela peut indiquer que vos limites ont été franchies et que vous devez les réaffirmer. Apprendre à écouter vos émotions, sans les laisser vous dominer, est la clé pour vivre en paix avec vous-même.

Aujourd'hui, mes émotions ne sont plus une source de tourment, mais des alliées qui m'aident à mieux comprendre ce qui se passe en moi. Grâce à ce livre et aux outils que je partage avec vous, j'espère que vous aussi, vous pourrez atteindre cet équilibre intérieur et retrouver la sérénité.

Chapitre 4

Diriger ses pensées avec intention

L'une des choses les plus puissantes que j'ai apprises sur mon chemin vers le mieux-être, c'est l'importance de la maîtrise de soi. Pendant longtemps, j'ai vécu dans un mode de réaction automatique. Mes pensées, mes émotions, mes actions étaient dictées par les circonstances extérieures et les croyances que j'avais accumulées au fil du temps. Je ne me rendais même pas compte que j'avais le pouvoir de changer cela.

Mais une fois que j'ai compris que je pouvais diriger mes pensées, tout a changé. C'était comme si je prenais les commandes de ma propre vie pour la première fois. Ce n'était pas facile au début, bien sûr. Les habitudes mentales sont tenaces, et nos pensées ont tendance à suivre des schémas bien établis. Mais avec de la pratique, j'ai découvert que je pouvais effectivement choisir mes pensées, et cela a fait toute la différence.

La maîtrise de soi commence par la conscience. Être conscient de ses pensées, de ses émotions, de ses actions, c'est le premier pas vers la liberté. Mais être conscient, ce n'est pas simplement remarquer ce qui se passe en soi, c'est aussi choisir délibérément la direction que l'on veut prendre. Par exemple, si vous remarquez que vous avez tendance à ruminer des pensées négatives, vous pouvez décider de les remplacer par des pensées plus constructives. Cela ne veut pas dire que vous devez ignorer la réalité ou vous forcer à être optimiste en toutes circonstances, mais simplement que vous avez le pouvoir de choisir comment vous réagissez à ce qui vous arrive.

Lorsque j'ai commencé à pratiquer cette maîtrise de mes pensées, j'ai utilisé un outil simple mais efficace : la visualisation. Chaque matin, je prenais quelques minutes pour visualiser la journée à venir de manière positive. Je me concentrais sur ce que je voulais accomplir, sur les émotions que je voulais ressentir, et sur la manière dont je voulais réagir aux défis éventuels. Ce simple exercice m'a permis de commencer la journée avec une intention claire, et cela a transformé ma façon de vivre.

Mais la maîtrise de soi ne s'arrête pas aux pensées. Elle s'applique également à nos actions. Combien de fois avez-vous pris des décisions sur un coup de tête, pour ensuite les regretter ? Cela m'est arrivé plus de fois que je ne peux le compter. J'agissais souvent par impulsion, sans prendre le temps de réfléchir aux conséquences. Mais avec le temps, j'ai appris à faire une pause avant d'agir. Cette simple pause, qui ne prend que quelques secondes, peut faire toute la différence.

La maîtrise de soi, c'est aussi savoir dire non. Dire non aux distractions, aux tentations, aux comportements qui ne sont pas alignés avec vos objectifs. Cela demande de la discipline, mais cette discipline est libératrice. Lorsque vous apprenez à vous maîtriser, vous gagnez en liberté, car vous n'êtes plus esclave de vos impulsions ou de vos réactions automatiques.

Un autre aspect important de la maîtrise de soi, c'est l'autocompassion. Il est facile de se juger sévèrement lorsqu'on fait des erreurs, et j'ai souvent été mon propre pire critique. Mais j'ai appris que la véritable maîtrise de soi

implique aussi la capacité à se pardonner, à reconnaître ses
limites et à être bienveillant avec soi-même. Personne n'est
parfait, et c'est en acceptant nos imperfections que nous
pouvons vraiment progresser.

Mes pensées ne me dominent plus, et je fais des choix
conscients qui sont alignés avec mes valeurs et mes
objectifs. Cela ne veut pas dire que je ne fais jamais
d'erreurs ou que je suis toujours maître de moi-même à 100
%. Mais j'ai appris que la maîtrise de soi est un chemin, pas
une destination. Chaque jour est une nouvelle opportunité de
s'améliorer, de grandir, et de devenir la meilleure version de
soi-même.

Chapitre 5

Surmonter les angoisses par une vision élargie de la vie

Les angoisses sont un fardeau constant. Pendant des années, elles ont gouverné mes pensées, mes émotions, et même mes actions. Chaque petit obstacle devenait une montagne infranchissable, chaque décision semblait lourde de conséquences, et je me retrouvais souvent paralysé par la peur de l'échec, ou pire encore, par la peur de l'inconnu. Si vous lisez ces lignes, je suppose que vous aussi avez traversé des périodes similaires.

Ce que j'ai découvert, c'est que l'angoisse naît souvent d'une vision rétrécie de la vie. Nous nous focalisons sur les petits détails, sur les imprévus, sur les « et si ». Cette concentration excessive sur les éléments immédiats de la vie empêche de voir le tableau dans son ensemble. Nous oublions que la vie est faite de cycles, que chaque période difficile finit par passer, et que les problèmes que nous rencontrons aujourd'hui ne sont pas permanents.

Un jour, j'ai entendu une phrase qui a profondément résonné en moi : « Ce que tu vis maintenant n'est qu'un chapitre de ton histoire, pas le livre tout entier. » À ce moment-là, j'ai pris conscience que mes angoisses étaient le fruit d'une perspective trop étroite. Je me focalisais sur les chapitres difficiles, sans voir la trame complète de ma vie.

Pour surmonter l'angoisse, il est essentiel d'élargir sa vision de la vie. Lorsque vous élargissez votre perspective, vous réalisez que chaque défi, chaque peur, fait partie d'un cheminement plus vaste. Cela ne veut pas dire que les difficultés disparaissent, mais elles perdent leur caractère oppressant. Elles deviennent des éléments parmi d'autres dans un parcours de vie plus riche et plus complexe.

Je vous invite à essayer cet exercice simple : lorsque vous sentez l'angoisse monter en vous, prenez du recul et essayez d'imaginer votre vie dans son ensemble. Pensez aux moments où vous avez surmonté des épreuves similaires, aux leçons que vous avez tirées de ces expériences. Cela vous permettra de relativiser et de comprendre que cette situation, si difficile soit-elle, fait partie d'un tout plus grand.

Un autre élément clé pour surmonter l'angoisse est de se rappeler que nous ne contrôlons pas tout. Cette idée peut être effrayante au premier abord, mais elle est aussi libératrice. Lorsque j'ai compris que je ne pouvais pas tout contrôler, j'ai appris à lâcher prise. Plutôt que d'essayer de tout maîtriser, j'ai commencé à me concentrer sur ce que je pouvais effectivement changer, et à accepter ce que je ne pouvais pas. Cela a considérablement réduit mon niveau d'angoisse.

Enfin, il est essentiel de se connecter à une vision plus large de la vie, qui inclut des valeurs profondes. Quand j'étais pris dans mes angoisses, je me sentais souvent coupé de ce qui comptait vraiment pour moi. J'étais tellement concentré sur mes peurs que j'oubliais mes aspirations, mes rêves, et mes valeurs. Mais en prenant le temps de me reconnecter à ces éléments essentiels, j'ai commencé à voir mes angoisses sous un autre angle. Elles n'étaient plus des obstacles insurmontables, mais des défis à relever sur le chemin de ce qui était vraiment important pour moi.

Les angoisses me reviennent parfois, mais elles ne me paralysent plus. Je les accueille avec plus de sérénité, car je sais qu'elles font partie d'un processus plus grand, et que je suis capable de les surmonter. Vous aussi, vous pouvez élargir votre vision de la vie et ainsi alléger le poids de l'angoisse. Il suffit de commencer à voir chaque situation comme un chapitre dans l'histoire de votre vie, et non comme une fin en soi.

Chapitre 6

Trouver la paix au-delà des circonstances

Au début, on pense que pour aller mieux, il faut que les circonstances extérieures changent. Si seulement j'avais un meilleur travail, des relations plus apaisées, plus de temps libre, alors je serais enfin en paix. Mais ce raisonnement conduit dans une impasse. En attendant que tout soit « parfait », nous passons à côté de l'essentiel : la tranquillité intérieure ne dépend pas des circonstances extérieures.

J'ai découvert que la paix intérieure est une décision, un choix que l'on fait au quotidien, indépendamment des hauts et des bas de la vie. C'est un état d'esprit que l'on peut cultiver, même dans les moments les plus difficiles. Et cette découverte a transformé ma vie.

Il est facile de croire que nos problèmes disparaîtraient si seulement les choses étaient différentes. Mais la réalité, c'est que même lorsque les circonstances changent, nous trouvons souvent de nouvelles sources d'inquiétude ou de stress. C'est un cycle sans fin, à moins que nous ne décidions de nous libérer de cette attente que tout soit parfait pour être en paix.

J'ai commencé à cultiver la tranquillité intérieure en pratiquant la gratitude. Cela peut sembler simpliste, mais c'est incroyablement puissant. Chaque matin, je prenais quelques minutes pour me concentrer sur les aspects positifs de ma vie, même lorsqu'elle me semblait difficile. J'ai appris à être reconnaissant pour les petites choses : un sourire, un moment de calme, une tasse de thé. Peu à peu, cette pratique m'a aidé à voir que, malgré les difficultés, il y avait toujours quelque chose de bon à trouver.

Mais la paix intérieure ne se résume pas à la gratitude. Elle demande aussi de l'acceptation. Accepter que la vie ne sera jamais parfaite, que les défis font partie du chemin, et que nous ne pouvons pas tout contrôler. Cette acceptation m'a libéré. Plutôt que de lutter contre les événements ou de m'inquiéter de ce qui pourrait arriver, j'ai appris à faire confiance au processus de la vie.

Une autre clé pour trouver la tranquillité intérieure est de vivre dans le moment présent. Pendant des années, j'étais soit perdu dans mes regrets du passé, soit obsédé par mes craintes pour l'avenir. Mais en réalité, la seule chose que nous ayons véritablement, c'est le moment présent. Apprendre à revenir à cet instant, à apprécier ce qui est ici et maintenant, m'a aidé à apaiser mon esprit.

Aujourd'hui, ce n'est pas que ma vie soit soudainement devenue parfaite, loin de là. Mais j'ai appris à trouver la paix en moi-même, indépendamment des circonstances. Et c'est cette tranquillité intérieure que je souhaite partager avec vous.

Chapitre 7

S'entourer de lumière

L'importance de l'environnement dans lequel nous évoluons est souvent sous-estimée, mais il joue un rôle crucial dans notre bien-être. Pendant une longue période, je ne faisais pas attention à cela. Mon mal-être me paraissait être uniquement un problème intérieur, une bataille que je devais mener seul. Mais au fur et à mesure que j'avançais dans mon parcours, j'ai commencé à comprendre à quel point ce qui nous entoure influence profondément notre état d'esprit.

Nos relations, l'ambiance de notre maison, les lieux où nous passons du temps, tout cela peut soit nous élever, soit nous tirer vers le bas. Si vous êtes entouré de personnes négatives ou critiques, ou si vous vivez dans un espace encombré et désordonné, il devient très difficile de trouver la paix intérieure et l'équilibre que vous recherchez. De la même manière, si vous passez vos journées dans des environnements stressants, vous pouvez facilement perdre de vue le calme dont vous avez besoin pour aller mieux.

Commençons par les relations. Les personnes qui nous entourent ont un pouvoir immense sur notre état mental, parfois sans même s'en rendre compte. Si vous passez du temps avec des gens qui se concentrent sur les problèmes, les plaintes, ou qui minimisent vos sentiments, cela peut avoir un impact très négatif sur votre bien-être. À l'inverse, si vous vous entourez de personnes qui vous soutiennent, qui vous écoutent sans jugement, et qui partagent une énergie positive, vous commencerez à sentir une différence notable.

Je ne dis pas qu'il faut couper toutes les relations avec ceux qui traversent eux-mêmes des difficultés, mais il est essentiel de trouver un juste équilibre et de protéger votre espace mental.

J'ai appris cela à mes dépens. Pendant longtemps, j'ai eu tendance à laisser des personnes toxiques entrer dans ma vie, pensant que je pouvais supporter leur négativité ou que je devais les aider coûte que coûte. Ce n'est que lorsque j'ai commencé à poser des limites claires que j'ai vu un changement significatif dans mon bien-être. Je me suis permis de m'éloigner des relations qui ne me nourrissaient pas, et cela a créé un espace pour des connexions plus authentiques et épanouissantes.

Ensuite, il y a l'environnement physique. L'état de l'espace dans lequel vous vivez influence directement votre état émotionnel. Si votre maison ou votre bureau est en désordre, si la lumière est insuffisante ou si les couleurs sont trop sombres, cela peut affecter subtilement votre humeur et votre énergie. Je me souviens d'une période où mon bureau était constamment encombré, et cela me donnait l'impression d'être submergé avant même de commencer ma journée. Le simple fait de réorganiser mon espace et de créer un environnement plus aéré et lumineux a eu un effet profond sur mon niveau d'énergie et ma clarté mentale.

Je ne parle pas d'avoir une maison parfaitement rangée tout le temps, mais plutôt de créer un environnement qui vous apaise, qui vous inspire, et qui reflète l'équilibre que vous cherchez à atteindre. Cela peut être aussi simple que d'ajouter des plantes, de changer l'éclairage, ou de réduire l'encombrement dans votre espace de vie. Créez des coins où vous vous sentez bien, où vous pouvez vous détendre et vous ressourcer.

Un autre aspect de l'environnement est la qualité de ce que vous consommez au quotidien, que ce soit l'information, la musique, ou les médias sociaux. Nous vivons dans une ère où nous sommes constamment bombardés d'informations, et il est facile de se laisser submerger par des nouvelles négatives, des critiques, ou des comparaisons incessantes sur les réseaux sociaux. Prendre du recul par rapport à ces influences peut avoir un impact énorme sur votre bien-être. Essayez de limiter votre exposition à ce qui vous tire vers le bas et de vous entourer de contenus qui vous inspirent et vous élèvent.

Un environnement positif et stimulant ne se limite pas à l'espace physique ou aux relations sociales. Cela inclut aussi la manière dont vous parlez à vous-même, les pensées que vous entretenez. Je vous encourage à prêter attention à votre dialogue intérieur. Si vous vous répétez constamment des messages négatifs, vous créez un environnement mental toxique pour vous-même. Inversement, si vous apprenez à cultiver des pensées positives, à vous encourager et à vous traiter avec bienveillance, vous commencerez à ressentir un changement intérieur profond.

Créer un environnement stimulant, que ce soit dans votre espace de vie, dans vos relations, ou dans votre esprit, est une étape cruciale pour aller mieux. C'est comme planter des graines dans un sol fertile. Avec le bon environnement, vous pourrez non seulement guérir, mais aussi grandir et vous épanouir.

Prenez le temps d'évaluer votre environnement actuel. Quelles sont les choses ou les personnes qui vous apportent de la lumière et de la positivité ? Et à l'inverse, quels sont les aspects de votre environnement qui vous pèsent ou vous fatiguent ? Soyez honnête avec vous-même, et prenez les mesures nécessaires pour ajuster ce que vous pouvez. Vous serez surpris de voir à quel point cela peut transformer votre quotidien.

Chapitre 8

Le pouvoir des connexions profondes

Les relations humaines ont un effet indéniable sur notre bien-être. Nous sommes des êtres sociaux, et notre bonheur, notre paix intérieure, dépendent en grande partie de la qualité des connexions que nous établissons avec les autres. Pourtant, dans une société qui valorise souvent la performance, la productivité et l'image extérieure, il est facile de tomber dans le piège des relations superficielles. Pendant longtemps, je vivais entouré de gens, mais je me sentais souvent seul. Ce n'est que lorsque j'ai commencé à chercher des relations plus profondes, plus authentiques, que j'ai réellement commencé à aller mieux.

Les relations authentiques sont celles qui vous nourrissent, qui vous permettent d'être pleinement vous-même, sans masque, sans peur du jugement. Elles ne sont pas basées sur la performance ou les apparences, mais sur un véritable échange d'énergie, de soutien et de bienveillance. Lorsque vous êtes en présence de personnes avec qui vous avez une connexion authentique, vous ressentez un sentiment de paix, de sécurité, et même de régénération.

Je me souviens de nombreuses situations où j'étais entouré de gens, mais je me sentais comme un étranger. Nous parlions, nous échangions des mots, mais quelque chose manquait. Ces interactions semblaient vides, superficielles, et cela me laissait avec un sentiment de vide intérieur. J'ai réalisé que je cherchais désespérément des connexions plus profondes, mais je ne savais pas vraiment comment les créer. C'est à ce moment que j'ai commencé à explorer ce que signifiait réellement une relation authentique.

Créer des relations profondes demande du courage. Cela signifie s'ouvrir, être vulnérable, et accepter de ne pas toujours être compris ou accepté par tout le monde. Cela signifie aussi prendre des risques émotionnels, en partageant vos vérités, vos doutes, vos peurs. Mais en retour, cela vous permet de créer des liens beaucoup plus riches, qui vous apportent un soutien émotionnel et mental essentiel pour aller mieux.

Il est important de comprendre que les relations authentiques ne se construisent pas du jour au lendemain. Elles se développent progressivement, à mesure que la confiance et la compréhension mutuelles se renforcent. Ce processus demande du temps, mais il en vaut la peine. Si vous vous sentez souvent seul ou déconnecté, je vous encourage à chercher activement des relations plus profondes. Cela ne signifie pas que vous devez éliminer toutes les relations superficielles de votre vie, mais plutôt que vous devriez chercher à nourrir celles qui vous apportent vraiment quelque chose.

Un autre aspect important des relations authentiques est l'écoute. Nous vivons dans un monde où tout le monde semble parler, mais très peu de gens prennent le temps d'écouter vraiment. Être écouté, être compris, est l'une des expériences les plus puissantes que l'on puisse vivre dans une relation. Lorsque vous êtes en présence de quelqu'un qui vous écoute vraiment, qui est présent avec vous, sans essayer de vous interrompre ou de vous juger, cela crée un espace de sécurité émotionnelle où vous pouvez vous exprimer librement.

Il m'a fallu du temps pour comprendre l'importance de cette écoute profonde. Pendant des années, j'étais trop concentré sur moi-même, sur mes propres problèmes, pour vraiment écouter les autres. Mais en développant cette capacité à être présent pour les autres, j'ai découvert que cela renforçait mes connexions avec eux. En écoutant les autres, vous leur permettez de s'ouvrir à vous, et cela crée un lien plus profond et plus sincère.

Les relations authentiques sont aussi un espace de croissance mutuelle. Ce sont des relations où chacun soutient l'autre dans son cheminement, sans compétition ni comparaison. Vous vous encouragez mutuellement à grandir, à vous améliorer, et à surmonter les défis de la vie. J'ai la chance d'avoir des amis avec qui je peux partager mes réussites et mes échecs sans craindre d'être jugé. Ces relations sont devenues une source de force immense dans ma vie.

Il est également crucial de reconnaître que certaines relations peuvent être toxiques, même si elles semblent profondes. Parfois, nous nous accrochons à des relations parce que nous pensons qu'elles sont importantes pour nous, mais elles nous drainent émotionnellement. Il est important de savoir quand il est temps de lâcher prise. La qualité de vos relations a un impact direct sur votre bien-être mental et émotionnel. Si une relation vous épuise, vous blesse ou vous maintient dans un cycle négatif, il peut être temps de réévaluer cette connexion.

Aujourd'hui, je m'entoure de personnes avec qui je peux être moi-même, avec qui je peux partager mes doutes, mes joies, mes peurs, sans crainte de jugement. Ces relations sont devenues un pilier de mon bien-être, et je ne pourrais pas imaginer ma vie sans elles. Mon conseil pour vous est de rechercher ces connexions profondes, de prendre le temps de les nourrir et de les développer. Elles sont essentielles pour aller mieux.

Chapitre 9

Se libérer des jugements

La comparaison est l'un des plus grands pièges dans lequel nous tombons tous à un moment ou un autre de notre vie. Pendant des années, je me suis comparé aux autres. Je regardais ce qu'ils avaient, ce qu'ils faisaient, et je me sentais constamment insuffisant. Que ce soit dans ma carrière, mes relations ou ma vie personnelle, j'avais l'impression de ne jamais être à la hauteur. C'était comme si je vivais en fonction des attentes et des réalisations des autres, plutôt que de suivre mon propre chemin.

Ce besoin de se comparer est profondément enraciné dans notre société. Nous sommes constamment exposés aux réussites des autres, notamment à travers les réseaux sociaux, où tout semble plus parfait, plus brillant. Mais cette comparaison constante est toxique, car elle vous éloigne de vous-même et vous empêche de reconnaître votre propre valeur.

Je me souviens de nombreuses nuits où je regardais les réseaux sociaux et je ressentais une vague de frustration, voire de désespoir. Tout le monde semblait plus heureux, plus accompli, plus épanoui. Mais un jour, j'ai pris conscience d'une vérité essentielle : la vie des autres n'a rien à voir avec la mienne. Chacun a son propre chemin, avec ses défis et ses succès. Ce que vous voyez à l'extérieur n'est qu'une façade, une version filtrée de la réalité.

Se libérer de la comparaison, c'est avant tout reconnaître votre propre singularité. Il n'y a personne d'autre comme vous, avec votre histoire, vos talents, vos expériences. Lorsque vous arrêtez de vous comparer aux autres, vous pouvez commencer à apprécier ce qui vous rend unique. Cela vous permet de vous concentrer sur vos propres objectifs, sur ce qui vous rend heureux, plutôt que de chercher à atteindre des normes qui ne vous appartiennent pas.

Mais se libérer de la comparaison ne se fait pas du jour au lendemain. Cela demande un travail constant sur soi. Chaque fois que vous vous surprenez à vous comparer à quelqu'un d'autre, essayez de revenir à vous-même. Quelles sont vos aspirations ? Quelles sont vos réussites ? Qu'est-ce qui vous rend heureux ? En vous recentrant sur votre propre parcours, vous pouvez commencer à vous détacher de cette spirale de comparaison.

Un autre aspect important pour s'élever au-dessus des jugements est d'apprendre à ne plus accorder autant de poids à ce que les autres pensent de vous. Pendant longtemps, j'ai vécu dans la peur constante d'être jugé. Je m'inquiétais de ce que les gens pourraient dire ou penser de moi, et cela influençait beaucoup mes décisions. Mais à un moment donné, j'ai réalisé que la plupart du temps, les autres sont trop occupés avec leur propre vie pour réellement prêter attention à la vôtre. Et même s'ils le font, leurs jugements ne définissent pas qui vous êtes.

Ce qui compte, c'est comment vous vous voyez. Avez-vous l'impression d'être aligné avec vos valeurs ? Êtes-vous sur un chemin qui vous rend heureux et épanoui ? C'est cela qui devrait guider vos actions, et non l'opinion des autres. Se libérer du jugement des autres, c'est reprendre le contrôle de sa vie et de ses choix.

Un exercice que je trouve particulièrement utile est de faire un point régulier sur vos propres succès et progrès. Prenez un moment chaque semaine pour noter ce que vous avez accompli, aussi petit que cela puisse paraître. Cela vous permet de vous concentrer sur vos propres avancées, plutôt que sur ce que les autres semblent réaliser. Vous verrez rapidement que vous avez beaucoup plus accompli que vous ne le pensez.

Vivez plus librement, ne vous comparez plus aux autres, et n'accordez plus autant d'importance à ce que les gens pensent de vous. Cela permet de se concentrer sur ce qui compte vraiment pour vous, et de vivre de manière plus authentique et plus épanouissante. Mon espoir est que vous puissiez, vous aussi, vous libérer de la comparaison et des jugements, et commencer à vivre pleinement pour vous-même.

Chapitre 10

Savourer le présent

La quête du bonheur et du bien-être est souvent liée à une idée de futur, à l'espoir que les choses iront mieux demain, que l'on sera enfin satisfait lorsque l'on aura atteint tel ou tel objectif. C'était exactement ce que je pensais pendant de nombreuses années. Je courais après des rêves, des ambitions, sans jamais vraiment m'arrêter pour apprécier ce que j'avais déjà. Et cette course incessante me laissait épuisé et insatisfait.

Le bien-être ne se trouve pas nécessairement dans l'accomplissement de grandes choses, mais dans la capacité à apprécier les petits moments de la vie quotidienne. La clé pour cela, c'est la gratitude. La gratitude n'est pas simplement un exercice mental ou une mode, c'est une véritable pratique de vie qui transforme votre perception du monde.

J'ai commencé à intégrer la gratitude dans ma vie de manière très simple : chaque jour, je prenais quelques minutes pour réfléchir à trois choses pour lesquelles j'étais reconnaissant. Cela pouvait être quelque chose d'aussi basique qu'un repas que j'avais apprécié, un moment de calme dans la journée, ou une conversation agréable avec un ami. Peu importe à quel point ma journée avait été difficile, il y avait toujours quelque chose pour lequel je pouvais être reconnaissant.

Au début, cet exercice m'a paru un peu artificiel, mais au fil du temps, il est devenu une habitude ancrée dans mon quotidien. Ce qui est fascinant avec la gratitude, c'est que plus vous l'exercez, plus vous commencez à remarquer les petites choses positives autour de vous. Votre cerveau s'entraîne à voir le bien plutôt que le mal, et cela change littéralement la manière dont vous vivez votre vie.

L'un des plus grands obstacles au bien-être est notre tendance à nous concentrer sur ce qui manque. Nous pensons constamment à ce que nous n'avons pas encore accompli, aux choses que nous ne possédons pas, et cela crée un sentiment de manque permanent. La gratitude, à l'inverse, nous ramène à ce que nous avons déjà, à l'abondance qui existe dans notre vie, même si elle ne correspond pas toujours à nos idéaux.

Un autre aspect puissant de la gratitude est qu'elle nous aide à vivre dans le moment présent. Trop souvent, nous sommes pris dans des regrets du passé ou des inquiétudes pour l'avenir. Mais en cultivant la gratitude, nous apprenons à savourer le présent, à être pleinement ici et maintenant. Et c'est dans cet état de pleine présence que nous pouvons vraiment expérimenter la paix intérieure.

Cela ne veut pas dire que vous devez ignorer vos problèmes ou vos défis. La vie est pleine de difficultés, et il est important de les reconnaître. Mais même au milieu des tempêtes, il est possible de trouver des moments de gratitude, des raisons d'être reconnaissant. Cela peut être une conversation avec un ami qui vous soutient, un moment de tranquillité dans la nature, ou même une leçon que vous tirez d'une situation difficile.

Je me souviens d'une période particulièrement difficile où tout semblait aller de travers dans ma vie. Je me sentais accablé, découragé, et incapable de voir une issue. Mais en me forçant à pratiquer la gratitude, même dans cette période sombre, j'ai réussi à maintenir un lien avec le positif. Cela m'a aidé à traverser cette épreuve avec plus de résilience et de sérénité.

La gratitude fait aujourd'hui partie intégrante de ma vie. Elle m'a permis de vivre plus pleinement, d'être plus en paix avec moi-même et avec ce que j'ai, plutôt que de me focaliser sur ce que je n'ai pas encore. Si vous voulez aller mieux, je vous encourage à essayer cette pratique. Elle ne demande que quelques minutes par jour, mais les effets sont profonds et durables.

Chapitre 11

Renforcer son énergie vitale

Pendant de nombreuses années, j'ai négligé l'importance du sommeil. Je pensais que je pouvais simplement me contenter de quelques heures par nuit, et compenser le reste avec du café et de la volonté. Mais à mesure que mon mal-être augmentait, j'ai réalisé que le manque de sommeil était l'un des principaux coupables de ma fatigue chronique, de mon irritabilité et de ma difficulté à gérer mes émotions.

Le sommeil est bien plus qu'un simple repos physique. C'est un processus de régénération qui affecte tous les aspects de notre vie, de notre énergie physique à notre santé mentale. Lorsque nous dormons, notre corps se répare, notre esprit traite les informations de la journée, et nos émotions sont régulées. Si vous ne dormez pas suffisamment ou si la qualité de votre sommeil est mauvaise, cela peut entraîner des conséquences dramatiques sur votre bien-être.

Je me souviens d'une période où je passais des nuits blanches à m'inquiéter de tout, à me retourner dans mon lit, incapable de trouver le sommeil. Cela avait un impact direct sur ma capacité à fonctionner pendant la journée. J'étais constamment fatigué, anxieux, et incapable de me concentrer. C'est à ce moment-là que j'ai compris que pour aller mieux, je devais d'abord m'attaquer à la qualité de mon sommeil.

L'un des premiers changements que j'ai faits a été d'établir une routine de sommeil régulière. Aller au lit à la même heure chaque soir, et se réveiller à la même heure chaque matin, même les week-ends. Ce simple ajustement a permis à mon corps de retrouver un rythme naturel, ce qui a considérablement amélioré la qualité de mon sommeil.

J'ai également appris à créer un environnement propice au sommeil. Pendant longtemps, je gardais mon téléphone près de moi, et je regardais souvent des vidéos ou des réseaux sociaux avant de m'endormir. Cela perturbait mon esprit et rendait l'endormissement difficile. J'ai donc pris l'habitude de bannir les écrans au moins une heure avant de dormir. À la place, je lisais un livre ou je pratiquais la méditation pour apaiser mon esprit.

Une autre clé pour améliorer la qualité de votre sommeil est de faire attention à ce que vous consommez dans les heures qui précèdent le coucher. Le café, l'alcool, ou même les repas lourds peuvent perturber votre sommeil. J'ai appris à éviter ces éléments en fin de journée, et cela a eu un effet très bénéfique sur mon sommeil.

Le sommeil est un pilier fondamental du bien-être, et il est souvent négligé. Si vous vous sentez constamment fatigué, stressé, ou incapable de gérer vos émotions, je vous encourage à examiner la qualité de votre sommeil. Parfois, de simples ajustements peuvent avoir un impact immense sur votre niveau d'énergie et votre équilibre mental.

Chapitre 12

Revitaliser corps et esprit

L'importance de l'exercice physique pour le bien-être est souvent évoquée, mais il est parfois difficile de voir comment bouger peut vraiment améliorer notre santé mentale. Pendant longtemps, je voyais le sport comme une corvée, quelque chose que je devais faire pour rester en forme, mais sans véritable lien avec mon bien-être émotionnel. Cependant, lorsque j'ai commencé à traverser des périodes de mal-être profond, j'ai découvert que le mouvement avait un pouvoir bien plus grand que je ne l'imaginais.

Le corps et l'esprit sont intimement liés. Lorsque vous bougez votre corps, que ce soit à travers la marche, la danse, ou un exercice plus intense, vous stimulez également votre esprit. Le mouvement libère des endorphines, ces hormones du bonheur qui ont un effet direct sur notre humeur. Il aide aussi à réduire le stress, à améliorer la qualité du sommeil, et à renforcer la confiance en soi.

Je me souviens de nombreuses journées où je me sentais épuisé mentalement, incapable de me concentrer ou de trouver la motivation pour avancer. Mais dès que je sortais pour marcher, même pendant une dizaine de minutes, je sentais un changement presque immédiat dans mon esprit. Mes pensées devenaient plus claires, mes soucis semblaient moins oppressants, et je retrouvais une certaine énergie.

Le mouvement ne doit pas nécessairement être intense pour avoir un impact. Même de petites actions, comme s'étirer le matin ou marcher quelques minutes pendant la pause déjeuner, peuvent faire une grande différence. L'important, c'est de bouger régulièrement, d'intégrer le mouvement dans votre quotidien. Cela permet de relâcher les tensions accumulées et de revitaliser à la fois votre corps et votre esprit.

Il est également important de choisir une activité physique qui vous plaît. Pendant longtemps, je me forçais à suivre des programmes d'exercices que je détestais, simplement parce que je pensais que c'était ce qu'il fallait faire. Mais je me suis vite rendu compte que cela ne faisait qu'ajouter du stress à ma vie. Alors, j'ai commencé à explorer différentes formes de mouvement, jusqu'à trouver celles qui me correspondaient vraiment.

Le mouvement est une source de bien-être accessible à tous. Vous n'avez pas besoin d'être un athlète ou de suivre des séances intensives pour ressentir les bienfaits. Ce qui compte, c'est de trouver ce qui vous convient, ce qui vous fait du bien, et de le pratiquer régulièrement. Vous verrez que le simple fait de bouger votre corps peut avoir un effet puissant sur votre bien-être mental et émotionnel.

Chapitre 13

L'alimentation consciente

L'alimentation joue un rôle clé dans notre bien-être, et pourtant, elle est souvent négligée. Pendant des années, je mangeais sans vraiment réfléchir à ce que je mettais dans mon corps. Je me nourrissais en fonction de mes envies du moment, de ce qui était rapide et facile à préparer, sans me rendre compte que cela affectait directement mon état mental et émotionnel. Ce n'est que lorsque j'ai commencé à prêter attention à mon alimentation que j'ai compris à quel point elle influençait mon bien-être général.

L'alimentation consciente, c'est bien plus que choisir des aliments sains. C'est une manière d'être en lien avec son corps, d'écouter ses besoins, et de nourrir à la fois son corps et son esprit. Lorsque vous mangez de manière consciente, vous prenez le temps de savourer chaque bouchée, d'apprécier les saveurs, les textures, et d'être pleinement présent dans l'acte de manger. Cela peut sembler simple, mais cette pratique a un impact profond sur la manière dont vous percevez la nourriture, et donc sur votre bien-être.

Je me souviens d'une époque où je mangeais souvent en vitesse, devant mon ordinateur ou en scrollant sur mon téléphone. Le repas devenait une simple formalité, un moment à cocher dans ma journée, sans vraiment y prêter attention. Mais cette manière de manger m'empêchait de ressentir une véritable satisfaction. Peu importe ce que je mangeais, j'avais l'impression de ne jamais être vraiment rassasié, ni physiquement, ni émotionnellement.

Lorsque j'ai commencé à pratiquer l'alimentation consciente, tout a changé. En prenant le temps de m'asseoir, de respirer, et de savourer mon repas, j'ai découvert une nouvelle relation avec la nourriture. Je me sentais plus connecté à mon corps, et plus respectueux de ses besoins. Cela m'a aussi aidé à mieux comprendre les signaux de faim et de satiété, à manger moins par habitude ou par émotion, et plus en fonction des besoins réels de mon corps.

L'alimentation consciente est aussi une manière de nourrir votre âme. En prêtant attention à ce que vous mangez, en choisissant des aliments frais, colorés, et nutritifs, vous faites un acte de bienveillance envers vous-même. Vous respectez votre corps en lui offrant ce dont il a besoin pour fonctionner de manière optimale. Et cela se reflète directement sur votre niveau d'énergie, votre clarté mentale, et votre équilibre émotionnel.

L'alimentation est un élément central de notre bien-être. Ce n'est pas seulement une question de nutriments ou de calories, mais une manière de prendre soin de soi, de nourrir à la fois son corps et son esprit. Si vous voulez aller mieux, je vous encourage à essayer cette pratique d'alimentation consciente. Vous serez surpris de voir à quel point cela peut transformer votre relation avec la nourriture, et avec vous-même.

Chapitre 14

Retrouver l'équilibre à travers la respiration

La respiration est sans doute l'un des gestes les plus naturels et les plus automatiques que nous faisons au quotidien. Nous respirons sans y penser, comme une seconde nature. Pourtant, ce simple geste, lorsque réalisé de manière consciente, peut devenir un puissant outil de bien-être, de relaxation, et de retour à soi-même. Pendant longtemps, je n'ai pas réalisé à quel point ma manière de respirer influençait mon état d'esprit. Ce n'est que lorsque j'ai commencé à explorer le pouvoir de la respiration consciente que j'ai découvert l'impact qu'elle pouvait avoir sur mon bien-être émotionnel et physique.

Lorsque nous sommes stressés ou anxieux, notre respiration devient souvent rapide et superficielle. C'est une réaction naturelle du corps face au stress. Notre système nerveux sympathique, responsable de la réaction "combat ou fuite", prend le dessus, augmentant le rythme cardiaque et accélérant la respiration. Ce type de respiration rapide et peu profonde n'apporte pas suffisamment d'oxygène à notre cerveau et à nos muscles, ce qui peut amplifier les sensations de stress et d'anxiété. Le cercle vicieux s'installe : plus nous sommes stressés, plus notre respiration devient superficielle, et plus notre stress augmente.

La clé pour sortir de ce cercle est de reprendre le contrôle de notre respiration, de la ralentir, et de la rendre plus profonde. La respiration consciente nous permet de calmer notre

système nerveux, de réduire le stress, et de nous recentrer.
Elle est l'un des moyens les plus efficaces pour ramener un
équilibre intérieur.

Lorsque j'ai découvert ces techniques de respiration, ma vie
a commencé à changer. J'ai appris que, dans les moments de
tension, je pouvais me concentrer sur ma respiration pour
retrouver du calme et une sensation de contrôle. Une des
techniques les plus simples et les plus puissantes que j'ai
adoptées est la respiration diaphragmatique, aussi appelée
respiration abdominale. Cette technique consiste à inspirer
profondément par le nez en gonflant le ventre, puis à expirer
lentement par la bouche. En respirant ainsi, l'air remplit
complètement les poumons, et l'oxygène circule de manière
optimale dans tout le corps.

La première fois que j'ai essayé cette technique, j'étais dans
une situation de stress intense. Mon cœur battait la chamade,
mes pensées s'emballaient, et je ne savais plus comment
retrouver mon calme. Je me suis assis, j'ai fermé les yeux, et
j'ai commencé à respirer profondément en suivant cette
méthode. Au bout de quelques minutes, je me suis senti
beaucoup plus calme, mon esprit s'était apaisé, et mes
muscles étaient moins tendus. C'est à ce moment-là que j'ai
réalisé que la respiration consciente pouvait devenir un allié
précieux dans ma quête de mieux-être.

Un autre exercice de respiration qui m'a aidé est la
technique de la respiration en 4-7-8, développée par le Dr
Andrew Weil. Il s'agit d'inspirer en comptant jusqu'à quatre,
de retenir sa respiration en comptant jusqu'à sept, puis
d'expirer lentement en comptant jusqu'à huit. Cet exercice
permet de ralentir le rythme cardiaque et d'apaiser
rapidement le système nerveux. Au début, il peut sembler

difficile de retenir son souffle pendant sept secondes, mais avec la pratique, cela devient plus facile, et les effets relaxants sont immédiats.

La respiration consciente ne se limite pas à calmer le stress ou l'anxiété. Elle peut également être utilisée pour renforcer la concentration et la clarté mentale. Dans des moments de confusion ou de fatigue mentale, prendre quelques minutes pour respirer profondément permet de recharger les batteries, d'oxygéner le cerveau, et de retrouver une meilleure capacité de concentration. Personnellement, je pratique souvent des séances de respiration consciente avant de commencer une tâche importante ou lorsque je me sens mentalement épuisé. Cela m'aide à me recentrer et à aborder les choses avec plus de lucidité.

Un autre aspect fascinant de la respiration est son lien direct avec nos émotions. Avez-vous déjà remarqué que lorsque vous êtes en colère, votre respiration devient plus rapide et plus saccadée ? Ou que lorsque vous êtes triste, votre respiration est plus lente et plus profonde ? Il existe une connexion étroite entre notre respiration et nos émotions. En apprenant à moduler notre respiration, nous pouvons également mieux gérer nos émotions. C'est une découverte qui a profondément changé ma manière de vivre mes émotions au quotidien. Par exemple, dans des moments de frustration ou de colère, je me concentre désormais sur ma respiration pour ne pas laisser ces émotions prendre le dessus.

Outre les bienfaits physiologiques et émotionnels, la respiration consciente joue également un rôle central dans certaines pratiques spirituelles et méditatives. Le yoga, le tai-chi, ou encore la méditation de pleine conscience accordent une place primordiale à la respiration. La raison en est simple : la respiration est un pont entre le corps et l'esprit. En respirant consciemment, nous devenons plus présents, plus ancrés dans l'instant, et nous nous reconnectons à notre être profond. Pour moi, la respiration est devenue un ancrage. Chaque fois que je me sens déconnecté de moi-même ou perdu dans mes pensées, je reviens à ma respiration. C'est un moyen simple et efficace de revenir à l'essentiel.

Un des aspects les plus puissants de la respiration consciente est qu'elle est toujours disponible. Où que nous soyons, quoi que nous fassions, nous pouvons toujours prendre un moment pour respirer profondément et consciemment. Cela ne demande ni matériel spécial, ni environnement particulier. Que ce soit au travail, dans les transports en commun, ou à la maison, la respiration consciente est un outil que nous pouvons utiliser à tout moment pour retrouver le calme et l'équilibre.

Si je devais vous donner un conseil à ce stade de votre parcours vers le mieux-être, ce serait de commencer à prêter attention à votre respiration. Observez comment vous respirez dans différents contextes : lorsque vous êtes stressé, détendu, concentré, ou agité. Puis, lorsque vous en ressentez le besoin, prenez quelques minutes pour respirer consciemment, profondément, et lentement. Vous verrez que cela peut faire une immense différence, non seulement sur votre état émotionnel, mais aussi sur votre santé globale.

Chapitre 15

Se détacher du tumulte extérieur

Dans un monde saturé de bruits, d'informations et de distractions, le silence intérieur est devenu une denrée rare. Pourtant, il est essentiel pour retrouver l'équilibre et la clarté. Personnellement, j'ai longtemps vécu dans un environnement où le bruit extérieur reflétait mon bruit intérieur. Mon esprit était constamment agité, surchargé de pensées, de préoccupations, de questions. Il y avait une sorte de cacophonie mentale qui m'empêchait de me concentrer, de prendre des décisions sereinement, ou simplement de me détendre.

Le tumulte extérieur auquel nous faisons face quotidiennement – que ce soit le bruit de la ville, les conversations incessantes, ou la stimulation numérique constante – finit par influencer notre état intérieur. Nous ne prenons plus le temps de nous arrêter, de faire le vide, de nous reconnecter à ce silence précieux qui est pourtant en nous, sous la surface de tout ce bruit.

Lorsque j'ai commencé à explorer l'idée du silence intérieur, j'ai réalisé que cela ne signifiait pas nécessairement fuir le bruit extérieur ou s'isoler du monde. C'était plutôt une manière d'apprendre à créer un espace de calme en soi, indépendamment des circonstances extérieures. Ce n'est pas une tâche facile. Au début, chaque fois que je tentais de m'asseoir en silence, mon esprit devenait encore plus agité. Les pensées que j'avais refoulées ou ignorées remontaient à la surface, et j'avais l'impression que le bruit mental s'amplifiait. C'était frustrant, et cela me donnait parfois envie d'abandonner.

Mais j'ai persévéré, car j'ai compris que le silence intérieur ne se trouve pas en un jour. C'est un processus, un entraînement de l'esprit, un apprentissage de l'écoute intérieure. Peu à peu, en pratiquant des moments de silence chaque jour, j'ai commencé à percevoir des changements. Je me suis rendu compte que ce n'était pas le bruit extérieur qui me dérangeait le plus, mais mon incapacité à faire taire ce bruit intérieur. En apprenant à calmer mon esprit, j'ai découvert une nouvelle forme de tranquillité.

Le silence intérieur ne consiste pas à éviter les pensées ou à les fuir, mais à les observer sans y réagir. Imaginez un lac paisible : même si des pierres sont jetées dans l'eau, les vagues finissent par s'estomper, et la surface du lac redevient lisse. C'est exactement ce qui se passe avec notre esprit lorsque nous cultivons le silence intérieur. Les pensées peuvent venir, comme des pierres dans le lac, mais elles finissent par s'estomper si nous ne nous y accrochons pas.

J'ai trouvé que la méditation et la pleine conscience sont des outils puissants pour développer ce silence intérieur. Au départ, la méditation peut sembler difficile, surtout si votre esprit est aussi agité que le mien l'était. Mais en pratiquant quelques minutes par jour, en portant simplement attention à votre respiration ou à vos sensations corporelles, vous commencez à apaiser ce tumulte mental. C'est un processus graduel, mais chaque instant de silence intérieur est une victoire.

Chapitre 16

Apprendre à poser des limites

Poser des limites est l'un des aspects les plus essentiels et les plus difficiles à maîtriser sur le chemin du mieux-être. Cela a été un véritable défi pour moi pendant des années, car j'ai longtemps cru que dire "non" aux autres signifiait être égoïste. En conséquence, je me suis souvent retrouvé à répondre aux besoins des autres, à dire "oui" à des engagements que je n'avais pas réellement envie de prendre, et à m'épuiser à essayer de satisfaire tout le monde, sauf moi-même. Cela m'a conduit à négliger mon propre bien-être, à ignorer mes besoins, et à vivre dans une constante frustration.

La vérité, c'est que protéger son espace intérieur est un acte d'amour envers soi-même. Ce n'est pas une question d'égoïsme, mais de respect pour ses propres limites et pour ce qui est important pour soi. Il a fallu du temps pour que je comprenne cela, mais une fois que j'ai commencé à poser des limites claires dans ma vie, j'ai remarqué une transformation majeure. Non seulement je me sentais plus serein, mais j'avais aussi plus d'énergie, plus de temps pour moi, et je pouvais enfin me concentrer sur les choses qui comptaient vraiment.

L'un des premiers aspects de la pose de limites est de reconnaître que nous avons tous des ressources limitées – que ce soit en termes de temps, d'énergie, ou d'attention. Nous ne pouvons pas tout faire, tout accepter, et tout gérer sans finir par nous épuiser. J'ai appris cela à mes dépens.

Pendant des années, j'ai accepté trop d'engagements, que ce soit au travail ou dans ma vie personnelle, simplement parce que je voulais être perçu comme quelqu'un de fiable, de généreux, ou de compétent. Mais cette attitude m'a rapidement conduit à l'épuisement professionnel et à une déconnexion progressive de mes propres aspirations.

Poser des limites, c'est aussi reconnaître que nous avons des priorités. Dire "oui" à tout signifie souvent dire "non" à ce qui compte le plus pour nous. En tant qu'être humain, il est naturel de vouloir plaire aux autres, mais nous devons garder à l'esprit que notre temps et notre énergie sont précieux. Parfois, cela signifie dire "non" à des engagements qui ne sont pas en alignement avec nos objectifs ou nos valeurs. J'ai commencé à poser des limites en évaluant chaque demande à travers cette question : "Est-ce que cela me rapproche de mes priorités ou de mes objectifs personnels ?" Si la réponse était non, je me donnais la permission de décliner l'offre.

Bien sûr, poser des limites n'est pas toujours facile, surtout au début. Il peut y avoir une peur de décevoir les autres, de passer pour égoïste, ou de perdre des opportunités. J'ai moi-même ressenti cette peur à maintes reprises. Cependant, j'ai rapidement réalisé que ceux qui me respectaient vraiment comprenaient et respectaient mes limites. En fait, en posant des limites claires, j'ai même renforcé certaines relations, car les autres savaient à quoi s'attendre de moi. Poser des limites m'a également permis d'identifier les relations toxiques, où mes efforts n'étaient jamais suffisants, peu importe ce que je faisais.

Protéger son espace intérieur signifie aussi savoir s'écouter. Trop souvent, nous ignorons les signaux que notre corps et notre esprit nous envoient. Nous disons "oui" alors que tout en nous crie "non". Nous acceptons des engagements alors que nous savons pertinemment que nous avons besoin de repos. Apprendre à poser des limites, c'est aussi apprendre à écouter cette petite voix intérieure qui nous dit ce dont nous avons besoin. Lorsque je me suis mis à respecter cette voix, à m'écouter réellement, j'ai vu une amélioration majeure dans mon bien-être général.

L'une des façons les plus efficaces de poser des limites est d'apprendre à dire "non" sans culpabilité. Dire "non" est un droit que chacun de nous possède, mais nous avons été conditionnés à croire que dire "non" est mal, que cela va nous faire passer pour des personnes insensibles ou égoïstes. Pourtant, dire "non" est parfois la meilleure chose que l'on puisse faire pour soi-même et pour les autres. J'ai appris que dire "non" à certaines demandes me permettait de dire "oui" aux choses qui comptent vraiment pour moi.

Dire "non" n'a pas besoin d'être brutal ou blessant. Il existe des manières respectueuses et bienveillantes de poser ses limites. Par exemple, j'ai appris à dire des choses comme : "Je comprends que tu aies besoin de cela, mais je ne peux pas m'engager en ce moment", ou "Je suis désolé, je ne peux pas accepter cette responsabilité, mais je te soutiens dans ta démarche." De cette manière, je restais respectueux envers les autres tout en respectant mes propres limites.

Un autre aspect important pour protéger son espace intérieur est de se fixer des limites claires avec soi-même. Parfois, nous nous imposons nous-mêmes des attentes irréalistes ou excessives, ce qui peut être tout aussi épuisant que de répondre aux attentes des autres. J'ai réalisé que pour protéger mon bien-être, je devais aussi apprendre à être plus indulgent envers moi-même, à accepter que je ne pouvais pas tout accomplir en une journée, et que prendre du temps pour me reposer ou pour m'occuper de moi n'était pas un luxe, mais une nécessité.

Protéger son espace intérieur, c'est finalement une question de respect envers soi-même. Nous devons apprendre à respecter nos propres besoins, à nous accorder du temps, et à ne pas sacrifier notre bien-être au profit des autres. Cela ne signifie pas que nous ne devons jamais aider ou être disponibles pour les autres, mais que nous devons nous assurer que cela ne se fait pas au détriment de notre propre santé mentale ou émotionnelle.

Aujourd'hui, je me sens beaucoup plus en paix avec l'idée de poser des limites. J'ai compris que cela faisait partie intégrante du processus de mieux-être. En protégeant mon espace intérieur, je suis en mesure de donner plus de moi-même aux moments qui comptent vraiment. Si vous avez du mal à poser des limites, je vous encourage à commencer petit à petit. Chaque fois que vous vous sentez submergé, rappelez-vous que vous avez le droit de dire "non", que vous avez le droit de protéger votre espace, et que cela est essentiel pour votre bien-être à long terme.

Chapitre 17

Trouver du sens

Trouver du sens dans ce que nous faisons est une quête humaine fondamentale. À un moment ou à un autre de notre vie, nous nous posons tous des questions existentielles : pourquoi suis-je ici ? Quel est le but de tout cela ? Est-ce que ce que je fais a vraiment de l'importance ? Ces interrogations surgissent souvent dans des moments de doute ou de transition, quand la vie devient trop lourde à porter ou trop vide de sens.

Personnellement, j'ai longtemps été pris dans cette quête. Je me levais chaque jour pour accomplir une série de tâches sans vraiment comprendre pourquoi. Mes journées se ressemblaient, rythmées par les obligations, le travail, et une routine souvent épuisante. Au fond de moi, je sentais un vide, une sorte de déconnexion entre ce que je faisais et ce que je désirais réellement. Je n'arrivais pas à trouver un sens profond dans ma vie, et cette absence de sens créait une forme de mal-être qui se traduisait par de l'anxiété, de la frustration et parfois même de la tristesse.

Trouver du sens, c'est bien plus qu'accomplir des objectifs ou atteindre des résultats. C'est une question d'alignement. Lorsque ce que nous faisons est en accord avec nos valeurs profondes et nos aspirations, nous ressentons une sorte d'harmonie intérieure. En revanche, lorsque nous poursuivons des objectifs qui ne nous correspondent pas, ou que nous vivons selon des attentes extérieures, il devient difficile de ressentir cette plénitude.

Je me souviens d'une période où je vivais presque exclusivement pour répondre aux attentes des autres. Mon travail ne m'apportait pas de satisfaction, mais je m'y accrochais parce que c'était ce qu'on attendait de moi. Mes relations personnelles étaient aussi gouvernées par une volonté de plaire, de répondre à des normes qui n'étaient pas les miennes. Mais au fur et à mesure, je me suis épuisé. Ce mode de vie ne pouvait pas durer éternellement. Il manquait quelque chose de fondamental : le sens.

Ce n'est qu'en prenant le temps de me poser, de réfléchir profondément à ce que je voulais vraiment, que j'ai pu commencer à trouver ce sens. Cela n'a pas été facile. Il a fallu que je déconstruise certaines croyances, que je m'interroge sur mes véritables désirs, et que je fasse face à des vérités parfois inconfortables. Mais peu à peu, en explorant mes passions, mes valeurs, et ce qui m'apportait de la joie, j'ai pu donner une nouvelle direction à ma vie.

Un des éléments clés pour trouver du sens est de se reconnecter à ses valeurs profondes. Qu'est-ce qui compte vraiment pour vous ? Quelles sont les choses pour lesquelles vous êtes prêt à vous battre, à investir du temps et de l'énergie ? Ces questions peuvent paraître simples, mais elles sont souvent négligées dans le tumulte du quotidien. Lorsque nous ne savons pas quelles sont nos valeurs, nous nous laissons facilement entraîner dans des activités ou des objectifs qui ne nous correspondent pas.

Pour moi, trouver du sens a aussi impliqué de redéfinir ce que je considérais comme étant une réussite. Pendant longtemps, j'ai pensé que réussir signifiait avoir un bon travail, une belle maison, et une reconnaissance sociale. Mais plus je progressais sur cette voie, plus je réalisais que ces critères de réussite ne me correspondaient pas. Ils n'apportaient pas de véritable sens à ma vie. J'ai donc décidé de revoir ma définition du succès. J'ai choisi de mettre l'accent sur le bien-être, sur l'authenticité dans mes relations, sur le fait de vivre en accord avec mes valeurs, plutôt que de courir après des critères imposés par la société.

Un autre aspect crucial du sens est la contribution. J'ai découvert que lorsque nous trouvons des moyens de contribuer aux autres, à notre communauté, ou au monde, nous ressentons un profond sentiment de satisfaction. Il ne s'agit pas nécessairement de réaliser de grandes actions ou de changer le monde, mais plutôt de se sentir utile, de savoir que ce que nous faisons a un impact, aussi petit soit-il. Contribuer, c'est aussi se connecter aux autres, partager ses talents et ses compétences, et se sentir partie prenante d'un tout plus grand que soi.

Un jour, j'ai eu l'opportunité de participer à une action bénévole dans une association locale. Ce n'était rien de très spectaculaire, juste un après-midi passé à aider des personnes en difficulté. Mais cette expérience m'a profondément marqué. J'ai réalisé que le sens ne se trouvait pas forcément dans les grandes réalisations ou les succès éclatants, mais dans les petites actions du quotidien, dans ces moments où nous faisons une différence, aussi minime soit-elle, dans la vie des autres. Cela a été un tournant pour moi, et j'ai commencé à intégrer cette notion de contribution dans ma vie de tous les jours.

Trouver du sens dans sa vie, c'est aussi accepter que ce sens peut évoluer avec le temps. Ce qui donne du sens à votre vie aujourd'hui ne sera peut-être pas la même chose dans dix ans. Nos aspirations, nos valeurs, et nos priorités changent au fil des expériences et des étapes de vie. C'est pourquoi il est important de rester à l'écoute de soi, de faire régulièrement le point sur ce qui compte vraiment, et d'ajuster notre chemin en conséquence.

Je vis maintenant avec un sens beaucoup plus clair de ce que je veux accomplir et de la manière dont je souhaite vivre. Cela ne signifie pas que tout est toujours parfait ou facile, mais cela m'apporte une direction, une boussole intérieure qui me guide dans les moments de doute ou d'incertitude. Je sais maintenant que, peu importe les obstacles, tant que je reste aligné avec mes valeurs et mon sens profond, je trouverai toujours un chemin vers le mieux-être.

Si vous vous sentez perdu, sans direction, ou déconnecté de ce que vous faites, je vous encourage à prendre le temps de vous poser et de réfléchir à ce qui donne vraiment du sens à votre vie. Quelles sont vos valeurs ? Quelles sont les choses qui vous apportent de la joie, de l'épanouissement, et un sentiment de contribution ? En vous reconnectant à ces éléments, vous pourrez redonner une direction à votre vie et retrouver un sentiment de plénitude que vous aviez peut-être perdu.

Chapitre 18

Vivre avec un but clair

Vivre avec un but clair est essentiel pour donner du sens à nos actions et à notre quotidien. Un but est ce qui nous motive à avancer, ce qui nous guide lorsque nous nous sentons perdus ou découragés. C'est une boussole qui nous aide à naviguer dans les moments d'incertitude et à garder le cap, même lorsque les circonstances sont difficiles.

Pendant longtemps, je vivais sans véritable but clair. Je me contentais de suivre le rythme imposé par les autres, par la société, par les obligations du quotidien. Je faisais ce que l'on attendait de moi, sans vraiment me demander si cela correspondait à mes aspirations profondes. Cela m'a conduit à une forme de mal-être, une impression de passer à côté de ma propre vie.

Lorsque j'ai commencé à réfléchir à ce que je voulais vraiment, j'ai compris que je devais définir un but clair. Mais cette démarche n'est pas toujours évidente. Souvent, nous ne savons pas par où commencer, nous avons peur de faire des choix, ou nous craignons de ne pas être à la hauteur de nos ambitions. Mais en réalité, le simple fait de prendre le temps de réfléchir à nos aspirations, à ce qui nous motive, est déjà un premier pas vers la clarté.

Un but clair ne signifie pas forcément avoir une vision détaillée de tout ce que nous voulons accomplir. Parfois, il suffit d'une direction générale, d'un objectif qui nous inspire et qui nous pousse à nous lever chaque matin avec un sentiment de motivation. Pour moi, définir un but a été un processus progressif. Je n'ai pas tout découvert en un jour. Mais en écoutant mes aspirations, en étant honnête avec moi-même sur ce que je voulais vraiment, j'ai pu peu à peu tracer un chemin qui me correspondait.

Une des premières étapes pour définir un but clair est de se poser les bonnes questions : Qu'est-ce qui compte vraiment pour moi ? Qu'est-ce que je veux accomplir, non seulement pour moi-même, mais aussi pour les autres ? Quelles sont les choses qui me donnent de l'énergie, de la motivation, et un sentiment de satisfaction ? En prenant le temps de réfléchir à ces questions, j'ai commencé à discerner un fil conducteur qui reliait mes aspirations.

Un autre aspect crucial pour vivre avec un but clair est d'apprendre à rester flexible. Nous avons parfois tendance à croire que notre but doit être immuable, gravé dans le marbre, mais la réalité est que la vie est pleine d'imprévus. Ce n'est pas parce que vous avez défini un but que vous ne pouvez pas ajuster le cap en cours de route.

Lorsque vous vivez avec un but clair, chaque action prend un nouveau sens. Vos décisions ne sont plus guidées par l'instant présent ou par les attentes extérieures, mais par votre vision à long terme. Cela permet de rester concentré, motivé, même dans les moments de doute. Je ne me sens plus dispersé ou perdu dans une multitude de tâches sans lien entre elles. Chaque pas que je fais est un pas vers ce but, et cela me donne un sentiment de direction et de stabilité.

Chapitre 19

Simplifier ses pensées pour accéder à la clarté intérieure

Nos pensées sont constamment en mouvement. Des milliers de pensées traversent notre esprit chaque jour, et beaucoup d'entre elles sont inutiles, répétitives, voire nuisibles. Pendant longtemps, je vivais avec un esprit saturé, rempli de pensées contradictoires, de doutes, et d'inquiétudes. J'avais l'impression que mon esprit était un champ de bataille, où chaque pensée essayait de prendre le dessus. Cela créait une confusion mentale qui me paralysait souvent. Je ne savais pas quoi faire, comment agir, ni même quoi penser en premier. Ma vie intérieure était un véritable chaos.

Ce n'est que lorsque j'ai appris à simplifier mes pensées que j'ai pu accéder à une clarté intérieure qui m'a permis de vivre avec plus de sérénité et de concentration. Simplifier ses pensées, c'est apprendre à faire le tri entre ce qui est important et ce qui ne l'est pas. C'est aussi apprendre à ne pas se laisser emporter par chaque pensée qui traverse notre esprit, mais à observer nos pensées avec détachement.

Le premier pas pour simplifier ses pensées est de prendre conscience du dialogue intérieur. Nous avons tous une voix intérieure qui nous parle constamment, mais nous ne sommes pas toujours conscients de ce qu'elle dit. Pendant longtemps, ma voix intérieure était remplie de doutes, de critiques, et de jugements. Je me rendais à peine compte à quel point ce dialogue intérieur influençait mes émotions, mes décisions, et même ma santé mentale. En prenant conscience de ce que je me disais à moi-même, j'ai pu commencer à remettre en question ce dialogue et à le modifier.

Une fois que j'ai pris conscience de mes pensées, j'ai commencé à les trier. Il y a des pensées qui sont constructives, qui nous aident à avancer, et qui méritent notre attention. Mais il y a aussi des pensées qui sont destructrices, qui ne font que nourrir notre anxiété ou notre confusion. J'ai appris à reconnaître ces pensées nuisibles et à les laisser passer, plutôt que de m'y attacher ou de les analyser encore et encore.

L'une des techniques qui m'a beaucoup aidé dans ce processus est l'écriture. Chaque matin, je prenais quelques minutes pour écrire toutes les pensées qui me traversaient l'esprit, sans filtre ni jugement. Cela m'a permis de "vider" mon esprit et de mettre de l'ordre dans mes pensées. Ce simple acte d'écriture m'a aidé à clarifier ce qui était important pour moi, et à laisser de côté ce qui ne l'était pas. C'est un exercice que je recommande à tous ceux qui ont du mal à organiser leurs pensées.

Un autre outil puissant pour simplifier ses pensées est la méditation. La méditation m'a appris à observer mes pensées sans y réagir. Avant, chaque fois qu'une pensée négative surgissait, je me laissais emporter par elle. Je l'analysais, je m'inquiétais, et je finissais par me sentir submergé. Mais avec la méditation, j'ai appris à prendre du recul. J'ai appris que mes pensées ne sont pas toujours des reflets de la réalité, et que je peux choisir de ne pas m'y attacher. Cela m'a apporté une clarté et une paix intérieure que je n'avais jamais connues auparavant.

Simplifier ses pensées, c'est aussi apprendre à ne pas suranalyser chaque situation. Trop souvent, nous nous perdons dans des scénarios hypothétiques ou des "et si", ce qui ne fait qu'alimenter notre confusion. J'avais l'habitude de tout analyser, de vouloir comprendre chaque détail de chaque situation, mais cela m'épuisait mentalement. Aujourd'hui, j'ai appris à accepter que je n'ai pas besoin de tout comprendre ou de tout analyser. Parfois, il suffit de faire confiance à la vie et de laisser les choses se dérouler naturellement.

Un autre aspect de la simplification des pensées est d'apprendre à se concentrer sur l'essentiel. Dans un monde où nous sommes constamment bombardés d'informations, il est facile de se disperser mentalement. J'ai découvert que, pour accéder à la clarté intérieure, il est essentiel de se concentrer sur ce qui est vraiment important. Cela signifie parfois dire non à certaines distractions, limiter le temps passé sur les réseaux sociaux, ou même se déconnecter de l'actualité pour se recentrer sur soi.

Simplifier ses pensées, c'est aussi apprendre à lâcher prise sur ce que nous ne pouvons pas contrôler. J'avais l'habitude de m'inquiéter pour des choses qui étaient complètement hors de mon contrôle, et cela ne faisait qu'alourdir mon esprit. J'ai appris que certaines choses sont tout simplement hors de ma portée, et que je dois accepter cette réalité. En lâchant prise sur ces préoccupations inutiles, j'ai libéré un espace mental précieux pour me concentrer sur ce qui compte vraiment.

Un dernier élément essentiel pour simplifier ses pensées est la pratique de la gratitude. Lorsque nous nous concentrons sur ce qui va bien dans notre vie, plutôt que sur ce qui ne va pas, nous changeons notre perspective et nous créons plus de clarté intérieure. La gratitude m'a permis de voir les choses sous un angle plus positif, et de ne pas me laisser submerger par les pensées négatives.

Ce n'est pas que mes pensées ont complètement disparu, mais j'ai appris à les simplifier, à les organiser, et à ne pas me laisser emporter par elles. Cela m'a permis de vivre avec plus de sérénité, de concentration, et de paix. Si vous vous sentez mentalement submergé, je vous encourage à essayer de simplifier vos pensées, de trier ce qui est important de ce qui ne l'est pas, et de vous concentrer sur l'essentiel. Vous verrez que la clarté intérieure est à portée de main, et qu'elle vous permettra de vivre avec plus de légèreté et de bien-être.

Chapitre 20

Se libérer des regrets pour avancer sereinement

Les regrets sont une émotion humaine puissante, mais souvent destructrice. Ils nous plongent dans le passé, nous maintiennent attachés à des décisions ou des événements que nous ne pouvons pas changer, et nous empêchent d'avancer. Pendant longtemps, j'ai été prisonnier de mes regrets. Je passais des heures à repenser à des choix que j'aurais pu faire autrement, à des opportunités manquées, à des erreurs qui, à l'époque, me semblaient catastrophiques. Cette habitude de revisiter sans cesse le passé m'empêchait de vivre pleinement dans le présent et d'embrasser l'avenir avec confiance.

Tourner la page est essentiel pour aller mieux. Cela ne signifie pas ignorer le passé ou prétendre que nos erreurs n'ont pas existé. C'est plutôt accepter ce qui s'est passé, en tirer les leçons nécessaires, et se libérer du poids des regrets. Ce processus est libérateur, mais il n'est pas facile. Il demande du courage, de l'honnêteté envers soi-même, et une volonté de lâcher prise sur ce qui ne peut plus être changé.

L'un des regrets les plus lourds que j'ai portés pendant longtemps concernait une décision professionnelle que j'avais prise plusieurs années auparavant. À l'époque, j'avais choisi de suivre une voie qui, rétrospectivement, ne correspondait pas à mes aspirations profondes. Pendant des années, j'ai regretté cette décision. Je me disais sans cesse :

"Et si j'avais pris une autre direction ? Où serais-je aujourd'hui ?" Ce genre de pensées m'empêchait de me concentrer sur le présent et de saisir les opportunités qui se présentaient à moi.

Mais j'ai réalisé un jour que ruminer ce regret ne m'aidait pas. Au contraire, cela me maintenait bloqué dans une situation où je ne pouvais pas avancer. J'ai donc commencé à travailler sur l'acceptation. J'ai appris à accepter que, à l'époque, j'avais pris la meilleure décision que je pouvais avec les informations et les ressources dont je disposais. C'est une vérité importante à reconnaître : nous faisons tous de notre mieux dans les circonstances données. Cela ne signifie pas que nous ne faisons jamais d'erreurs, mais il est inutile de se blâmer éternellement pour des décisions passées.

Pour tourner la page, il est essentiel de comprendre que le passé est révolu. Ce qui est fait est fait, et aucune quantité de regret ou de remords ne peut changer cela. Cependant, cela ne signifie pas que nous ne pouvons pas apprendre de nos erreurs. Au contraire, chaque erreur est une opportunité d'apprentissage, si nous choisissons de la voir ainsi. J'ai appris à voir mes erreurs passées non pas comme des échecs irréparables, mais comme des leçons qui m'ont permis de grandir et de devenir une meilleure version de moi-même.

Une autre clé pour se libérer des regrets est de se concentrer sur l'instant présent. Lorsque nous sommes pris dans les regrets, nous vivons dans le passé, et cela nous empêche de profiter de ce que le présent a à offrir. J'ai découvert que, en me concentrant sur ce que je pouvais faire aujourd'hui pour améliorer ma situation, je pouvais réduire l'emprise de mes regrets. Par exemple, plutôt que de ressasser constamment mes erreurs professionnelles, j'ai commencé à me concentrer sur les nouvelles opportunités qui s'offraient à moi. Cela m'a permis de transformer mon énergie négative en quelque chose de productif.

Un autre aspect important de ce processus est le pardon, que ce soit le pardon envers soi-même ou envers les autres. Nous avons souvent du mal à nous pardonner nos erreurs, ou à pardonner à ceux qui, selon nous, nous ont causé du tort. Mais sans pardon, il est impossible de tourner véritablement la page. Le pardon ne signifie pas excuser un comportement inacceptable ou minimiser l'impact de nos actions. Il s'agit plutôt de reconnaître que le passé est passé et que nous avons le pouvoir de choisir comment nous allons avancer à partir de maintenant.

Il est également utile de se rappeler que tout le monde fait des erreurs. Personne n'est parfait, et nous avons tous des regrets à un moment ou à un autre. Ce qui différencie ceux qui avancent de ceux qui restent coincés dans le passé, c'est la capacité à accepter ces erreurs et à les utiliser comme des leviers pour l'avenir. J'ai trouvé beaucoup de réconfort dans cette idée. Savoir que mes erreurs ne me définissaient pas, mais faisaient partie de mon parcours, m'a permis de les accepter avec plus de sérénité.

Un exercice qui m'a particulièrement aidé dans ce processus est l'écriture. J'ai pris l'habitude d'écrire mes regrets, mes erreurs, et mes sentiments autour de ceux-ci. Mettre ces pensées sur papier m'a permis de les externaliser, de les regarder sous un autre angle, et finalement de les libérer. Je recommande vivement cette pratique à tous ceux qui se sentent piégés par leurs regrets. L'écriture peut être un outil puissant de transformation et de guérison.

Tourner la page ne se fait pas du jour au lendemain. C'est un processus qui prend du temps et qui demande de la patience. Il y aura des jours où vous sentirez que vous avez fait un grand pas en avant, et d'autres où les vieux regrets referont surface. C'est normal. L'important est de continuer à avancer, même si cela se fait petit à petit. Chaque jour est une nouvelle opportunité de laisser le passé derrière soi et de se concentrer sur ce que vous pouvez accomplir aujourd'hui.

J'ai appris à accepter mes erreurs, à les voir comme des opportunités d'apprentissage, et à les laisser derrière moi. Cela m'a apporté une légèreté que je n'avais jamais connue auparavant. Je me sens plus libre, plus en paix, et plus capable d'embrasser l'avenir avec confiance.

Si vous vous sentez encore prisonnier de vos regrets, je vous encourage à commencer ce processus de libération dès aujourd'hui. Acceptez vos erreurs, pardonnez-vous, et concentrez-vous sur ce que vous pouvez faire maintenant pour améliorer votre situation. Le passé est révolu, mais vous avez le pouvoir de façonner votre avenir. En tournant la page, vous vous donnez la chance de vivre pleinement, sans le poids des regrets, et d'avancer sereinement vers un avenir plus lumineux.

Chapitre 21

Apprendre à grandir face aux défis

La résilience est cette capacité à se relever après une chute, à surmonter les obstacles et à grandir malgré les épreuves. C'est une qualité que j'ai longtemps sous-estimée. Je voyais les difficultés comme des échecs personnels, quelque chose que je devais éviter à tout prix. Mais au fil des années, j'ai compris que les épreuves font partie intégrante de la vie, et que ce qui compte vraiment, ce n'est pas tant de les éviter, mais de savoir comment y faire face et en sortir plus fort.

Il y a quelques années, j'ai traversé une période particulièrement difficile. Les défis s'accumulaient sur le plan professionnel et personnel, et je me sentais dépassé. Chaque obstacle semblait plus insurmontable que le précédent. Je m'épuisais à essayer de tout contrôler, à lutter contre les difficultés, mais cela ne faisait qu'amplifier mon sentiment d'impuissance. À un moment, j'ai réalisé que je devais changer d'approche. Plutôt que de combattre constamment les défis, je devais apprendre à les accepter et à m'adapter.

C'est ainsi que j'ai commencé à cultiver la résilience. La résilience, ce n'est pas de la simple endurance ou de la persévérance aveugle. C'est une attitude qui consiste à accepter que les défis font partie de la vie, et que chaque épreuve peut être une opportunité de grandir. Cela ne signifie pas que nous devons aimer les difficultés, mais que nous pouvons choisir la manière dont nous y réagissons.

Une des premières étapes pour cultiver la résilience est d'accepter la réalité telle qu'elle est. Trop souvent, nous nous accrochons à l'idée que les choses devraient être différentes, que nous devrions éviter les problèmes ou les échecs. Mais en réalité, les épreuves sont inévitables. En acceptant cela, nous nous donnons la liberté de changer notre perspective. Plutôt que de voir les obstacles comme des échecs personnels, nous pouvons les voir comme des occasions d'apprendre et de nous améliorer.

L'une des clés pour développer la résilience est de changer notre dialogue intérieur. Pendant longtemps, mon discours intérieur était très négatif lorsque je faisais face à un échec. Je me disais que je n'étais pas assez bon, que je ne méritais pas de réussir, ou que les autres avaient plus de chance que moi. Mais j'ai appris à changer cette narration. Plutôt que de me critiquer, j'ai commencé à me dire : "Qu'est-ce que je peux apprendre de cette situation ? Comment puis-je m'améliorer ?" Ce simple changement d'attitude a transformé ma manière de voir les défis.

Un autre aspect fondamental de la résilience est la capacité à rester flexible. Lorsque nous sommes trop rigides dans nos attentes ou nos plans, nous sommes plus susceptibles de nous effondrer face aux obstacles. La résilience, c'est savoir s'adapter, changer de direction si nécessaire, et accepter que les choses ne se passent pas toujours comme prévu. J'ai appris que la flexibilité est une force. Être capable de pivoter, de changer d'approche, ou de revoir ses priorités est essentiel pour surmonter les épreuves.

Dans mon parcours, j'ai également découvert l'importance du soutien social pour cultiver la résilience. Nous ne sommes pas censés affronter les défis seuls. S'entourer de personnes bienveillantes et encourageantes peut faire une énorme différence dans notre capacité à rebondir après une difficulté. Pendant une période particulièrement difficile, j'ai eu la chance d'avoir des amis et des proches qui m'ont soutenu, m'ont écouté, et m'ont rappelé que je n'étais pas seul dans cette épreuve. Leur soutien m'a aidé à garder le cap et à ne pas sombrer dans le découragement.

Enfin, la résilience est aussi une question de patience. Lorsque nous faisons face à des défis, nous voulons souvent que les choses s'améliorent rapidement. Mais la résilience nous apprend que le temps est un facteur important. Certaines épreuves nécessitent du temps pour être surmontées, et il est important de ne pas se précipiter. En étant patient avec soi-même et avec les circonstances, nous donnons le temps nécessaire à la guérison et à la croissance.

Il faut considérer chaque défi comme une opportunité de renforcer ma résilience. Cela ne signifie pas rechercher les difficultés, mais lorsque celles-ci se présentent, il faut savoir qu'on a les ressources en nous pour y faire face et pour en sortir plus fort.

La résilience m'a permis de développer une confiance en moi que je n'avais jamais connue auparavant. Je sais maintenant que, peu importe les obstacles qui se dressent sur mon chemin, je suis capable de les surmonter et d'en tirer des leçons précieuses.

Chapitre 22

Accepter le passé tout en construisant un nouveau futur

Accepter le passé est une étape cruciale pour aller de l'avant et bâtir un avenir plus lumineux. Trop souvent, nous nous trouvons prisonniers de nos erreurs passées, de nos regrets, ou des événements difficiles que nous avons traversés. Il y a eu un moment dans ma vie où j'étais constamment hanté par les décisions que j'avais prises. Je passais des heures à réfléchir à ce que j'aurais dû faire différemment, à imaginer des scénarios alternatifs où les choses se seraient mieux passées. Cela m'a conduit à un cycle d'auto-critique qui a fini par bloquer ma progression.

Mais à un moment donné, j'ai compris une vérité fondamentale : le passé ne peut pas être changé. Peu importe à quel point nous ressassons nos erreurs, elles ne disparaîtront pas. Cependant, ce que nous pouvons changer, c'est notre relation avec ce passé. L'acceptation, c'est apprendre à voir le passé comme une série d'expériences qui ont contribué à notre croissance, et non comme une charge dont nous devons nous débarrasser. Accepter le passé ne signifie pas l'approuver ou minimiser la douleur qu'il a pu causer. Cela signifie simplement arrêter de lutter contre lui.

Lorsque j'ai commencé à accepter mon passé, j'ai ressenti un énorme soulagement. Je n'avais plus besoin de porter le poids de mes regrets sur mes épaules. Au lieu de cela, j'ai choisi de voir chaque erreur comme une opportunité d'apprendre et de m'améliorer. J'ai réalisé que, sans ces erreurs, je ne serais pas la personne que je suis aujourd'hui. Cela m'a permis de changer ma perspective sur mes échecs et d'arrêter de les voir comme des catastrophes irréversibles.

Un des aspects essentiels de l'acceptation du passé est d'apprendre à se pardonner. Nous sommes souvent notre propre pire critique. Nous nous jugeons plus sévèrement que nous ne le faisons avec les autres, et cela peut créer une immense souffrance intérieure. J'avais beaucoup de mal à me pardonner mes erreurs, surtout celles que je pensais avoir commises vis-à-vis des autres. Mais j'ai appris que le pardon envers soi-même est tout aussi important que le pardon que nous offrons aux autres. Sans ce pardon, nous restons coincés dans le passé, incapables de construire un nouveau futur.

Pour moi, accepter le passé a également signifié prendre du recul par rapport aux attentes des autres. Nous vivons souvent selon des standards imposés par notre entourage, la société ou même notre propre idée de ce que nous "devrions" être. Cette pression peut nous faire sentir que nous avons échoué si nous ne répondons pas à ces attentes. Mais en acceptant que nous ne pouvons pas toujours plaire à tout le monde, et que nos erreurs font partie de notre chemin unique, nous libérons un espace pour créer un avenir qui nous correspond vraiment.

Un autre aspect clé de l'acceptation du passé est d'apprendre à tourner la page sans ignorer ce que nous avons traversé. Il est facile de se dire "je vais simplement oublier" ou "je ne veux plus jamais y penser", mais cette approche ne fonctionne jamais réellement. Ce que nous refoulons finit par nous rattraper. J'ai découvert qu'au lieu d'essayer de fuir mes souvenirs douloureux, il valait mieux les accueillir, les observer, et les comprendre. Cela m'a permis de les laisser partir naturellement, sans résistance.

L'acceptation du passé est également un acte de réconciliation avec soi-même. Pendant longtemps, j'ai eu du mal à accepter certaines facettes de ma personnalité ou de mon parcours. J'avais cette idée que je devais être parfait pour être accepté, que mes erreurs ou mes faiblesses faisaient de moi une personne moins valable. Mais j'ai appris que l'authenticité, c'est embrasser toutes les parties de soi, même celles qui sont plus difficiles à regarder. En acceptant mon passé, j'ai pu me réconcilier avec des parties de moi que j'avais rejetées pendant des années.

Une fois que nous avons accepté le passé, nous sommes en mesure de commencer à construire un nouveau futur. C'est là que le véritable pouvoir de l'acceptation se manifeste. Tant que nous restons attachés au passé, nous n'avons pas l'espace mental ou émotionnel nécessaire pour envisager l'avenir avec clarté. Mais en lâchant prise sur nos erreurs, nos regrets, et nos douleurs passées, nous libérons une énergie nouvelle pour créer quelque chose de meilleur.

Construire un nouveau futur ne signifie pas nécessairement faire table rase de tout. C'est une question d'intégration. Nous utilisons les leçons apprises dans le passé pour guider nos choix futurs. Par exemple, j'ai appris à être plus indulgent envers moi-même et à faire des choix plus alignés avec mes valeurs profondes, plutôt que d'essayer de satisfaire les attentes extérieures. En construisant mon avenir, j'ai pris en compte mes expériences passées, non pas pour les reproduire, mais pour en tirer des enseignements et éviter de répéter les mêmes schémas.

Une des choses qui m'a beaucoup aidé à construire un nouveau futur est la visualisation. J'ai commencé à imaginer la vie que je voulais vraiment, sans me laisser freiner par les erreurs du passé ou les doutes sur mes capacités. Visualiser mon futur m'a permis de rester concentré sur mes objectifs et de me rappeler que je suis capable de changer, d'évoluer, et de créer la vie que je désire. C'est un exercice que je pratique régulièrement et qui m'a permis de rester motivé et de continuer à avancer, même dans les moments de doute.

Enfin, il est important de se rappeler que la construction d'un nouveau futur ne se fait pas en un jour. C'est un processus qui demande du temps, de la patience, et de la persévérance. Parfois, il y aura des obstacles, des moments de recul, ou des doutes. Mais chaque petit pas que vous faites vers cet avenir est une victoire en soi. Ce qui compte, ce n'est pas la vitesse à laquelle vous progressez, mais le fait que vous avancez, peu importe les difficultés que vous rencontrez.

J'ai accepté mon passé, avec ses erreurs et ses moments difficiles, et j'ai choisi de ne plus laisser ce passé dicter mon avenir. Cela m'a permis de construire un futur qui correspond à mes aspirations, à mes valeurs, et à ce que je veux réellement dans la vie. Si vous avez du mal à accepter votre passé, je vous encourage à prendre du recul, à vous pardonner, et à vous rappeler que vous avez le pouvoir de créer un avenir meilleur, peu importe ce que vous avez traversé.

Chapitre 23

Lâcher prise sur le besoin de tout contrôler

Le besoin de tout contrôler est un des principaux obstacles à notre bien-être. Pendant des années, j'ai cru que pour réussir, pour être heureux, je devais avoir le contrôle sur chaque aspect de ma vie. Cela signifiait planifier chaque détail, anticiper toutes les éventualités, et essayer de tout maîtriser. Au début, cette approche semblait fonctionner : je me sentais organisé, productif, et en sécurité. Mais à un moment donné, les choses ont commencé à m'échapper. J'étais constamment stressé, anxieux, et fatigué, car le moindre imprévu, la moindre déviation par rapport à mon plan, devenait une source de frustration et d'inquiétude.

Lâcher prise sur ce besoin de contrôle a été l'une des leçons les plus importantes que j'ai apprises sur mon chemin vers le mieux-être. Cela ne signifie pas abandonner toute structure ou toute ambition, mais accepter que certaines choses échappent à notre maîtrise, et que cela fait partie de la vie. La réalité est que nous ne pouvons pas tout prévoir, tout anticiper, ni tout diriger. Et essayer de le faire ne fait qu'alimenter l'anxiété et l'épuisement.

J'ai pris conscience de l'importance de lâcher prise lors d'une période de transition dans ma vie professionnelle. Je venais de prendre une décision importante concernant ma carrière, et j'avais planifié chaque étape pour que tout se déroule parfaitement. Mais très rapidement, des imprévus sont survenus. Des choses que je ne pouvais pas contrôler se sont produites, bouleversant mes plans et me laissant dans un état de panique. À ce moment-là, j'ai réalisé que mon obsession pour le contrôle n'était pas une solution, mais une partie du problème.

Lâcher prise, c'est d'abord accepter l'incertitude. La vie est imprévisible, et il y aura toujours des éléments que nous ne pourrons pas maîtriser. Cela peut sembler effrayant, surtout lorsque nous avons l'habitude de tout planifier et d'essayer de tout contrôler. Mais l'incertitude fait partie de la nature même de la vie, et en l'acceptant, nous nous libérons d'un poids énorme. Nous arrêtons de lutter contre l'inévitable et nous apprenons à vivre avec plus de légèreté.

Une des choses qui m'a beaucoup aidé à lâcher prise a été de me concentrer sur ce que je pouvais contrôler. Souvent, nous dépensons une énergie considérable à essayer de changer des choses qui sont en dehors de notre portée : les actions des autres, les circonstances extérieures, ou même des événements passés. Mais tout cela est hors de notre contrôle. Ce que nous pouvons maîtriser, c'est notre propre attitude, nos propres actions, et notre manière de réagir face aux situations. En recentrant mon attention sur ce que je pouvais réellement influencer, j'ai ressenti un soulagement considérable. J'avais enfin l'impression de reprendre le contrôle, mais d'une manière plus saine et plus constructive.

Un autre aspect essentiel du lâcher-prise est la confiance. Nous avons souvent du mal à lâcher prise parce que nous avons peur que, si nous ne maîtrisons pas chaque détail, les choses vont mal tourner. Cette peur repose sur un manque de confiance – confiance en soi, confiance dans les autres, ou confiance dans la vie elle-même. Apprendre à lâcher prise, c'est aussi apprendre à faire confiance : confiance que les choses vont se dérouler comme elles doivent se dérouler, même si ce n'est pas toujours exactement comme nous l'avions prévu. Cela ne signifie pas que tout sera parfait ou que tout ira toujours bien, mais que nous avons la capacité de faire face à ce qui se présente.

J'ai découvert que lâcher prise me permettait de vivre avec plus de paix intérieure. Plutôt que de m'inquiéter constamment pour l'avenir ou de ressasser le passé, je pouvais me concentrer sur l'instant présent. Lâcher prise m'a également permis de développer une plus grande résilience. Lorsque les choses ne se passaient pas comme prévu, je n'étais plus submergé par le stress ou la frustration, mais j'apprenais à m'adapter, à être flexible, et à trouver des solutions nouvelles.

Un exercice qui m'a beaucoup aidé dans ce processus est la pratique de la pleine conscience. La pleine conscience consiste à être pleinement présent dans l'instant, sans jugement, sans essayer de changer quoi que ce soit. En pratiquant la pleine conscience, j'ai appris à observer mes pensées, mes émotions, et mes réactions, sans chercher à les contrôler. Cela m'a aidé à prendre du recul par rapport à mon besoin de maîtrise et à voir les choses sous un angle différent. Peu à peu, j'ai commencé à lâcher prise sur les choses que je ne pouvais pas contrôler, et cela a apporté une légèreté nouvelle à ma vie.

Une autre chose qui m'a aidé à lâcher prise a été d'accepter l'imperfection. Nous avons souvent ce besoin de contrôle parce que nous voulons que tout soit parfait. Mais la perfection est une illusion, et en essayant de tout contrôler pour atteindre cette perfection, nous nous condamnons à une vie de frustration. Lâcher prise, c'est accepter que les choses ne seront jamais parfaites, et que c'est très bien ainsi. Cela nous permet de relâcher la pression, d'accepter les imperfections de la vie, et de vivre avec plus de sérénité.

Lâcher prise sur le besoin de tout contrôler est un processus, et ce n'est pas quelque chose qui se fait du jour au lendemain. Il y aura des moments où vous retomberez dans vos anciennes habitudes, où vous ressentirez à nouveau ce besoin de tout maîtriser. Mais chaque fois que cela se produit, rappelez-vous que lâcher prise est un acte de confiance, de liberté, et de bienveillance envers vous-même. Cela ne signifie pas que vous abandonnez ou que vous laissez les choses au hasard, mais que vous choisissez de vous concentrer sur ce qui est vraiment important et sur ce que vous pouvez réellement changer.

Aujourd'hui, je vis avec beaucoup plus de légèreté. Je ne ressens plus le besoin de contrôler chaque détail de ma vie, et cela m'a apporté une paix intérieure que je n'avais jamais connue auparavant. En lâchant prise, j'ai découvert une nouvelle forme de liberté : la liberté de vivre pleinement, sans être constamment submergé par le stress ou les inquiétudes. Si vous êtes quelqu'un qui ressent le besoin de tout contrôler, je vous encourage à essayer de lâcher prise, ne serait-ce qu'un peu, pour voir comment cela peut transformer votre vie. Vous verrez que la vie devient beaucoup plus simple et plus agréable lorsque vous acceptez que certaines choses échappent à votre contrôle.

Chapitre 24

Créer des rituels de bien-être

Le bien-être n'est pas seulement le résultat de moments de relaxation ou de pauses ponctuelles. C'est un état d'esprit, une manière de vivre, et pour que cet état devienne durable, il doit être ancré dans des rituels quotidiens. Créer des rituels de bien-être a été l'un des moyens les plus efficaces que j'ai trouvés pour maintenir un équilibre dans ma vie et pour m'assurer que je reste aligné avec mes priorités, même dans les moments de stress ou de pression.

Un rituel de bien-être n'a pas besoin d'être complexe ou chronophage. Ce qui compte, c'est la régularité et l'intention que vous y mettez. Pendant longtemps, j'ai négligé l'importance des rituels. Je pensais que le bien-être se limitait à prendre des vacances de temps en temps, à s'accorder une journée de repos après une longue période de travail, ou à se détendre quand le stress devenait trop lourd. Mais ces moments étaient ponctuels et ne suffisaient pas à maintenir un équilibre durable. Il me manquait une approche quotidienne, une manière de nourrir mon bien-être chaque jour.

Le premier rituel que j'ai intégré dans ma vie est un rituel matinal. Je me suis rendu compte que la manière dont je commençais ma journée influençait grandement mon état d'esprit pour le reste de la journée. J'ai donc décidé de consacrer les premières minutes de mon réveil à des activités qui me permettent de me recentrer et de me préparer mentalement pour la journée. Pour moi, cela commence par quelques minutes de méditation, suivies d'exercices de respiration consciente. Ensuite, je prends le temps de noter mes intentions pour la journée dans un journal. Ces simples gestes, effectués chaque matin, ont transformé ma manière d'aborder la journée. Je me sens plus calme, plus concentré, et plus en contrôle de mon état d'esprit.

Un autre rituel que j'ai mis en place est un rituel du soir. Avant de me coucher, je prends quelques minutes pour réfléchir à ma journée, pour noter mes réussites, mes apprentissages, et pour libérer mes pensées. Cela m'aide à clore la journée avec gratitude et à apaiser mon esprit avant de dormir. Ce rituel m'a aidé à mieux dormir et à réduire les pensées incessantes qui avaient tendance à m'empêcher de m'endormir.

Ce qui est important avec les rituels, c'est qu'ils apportent de la structure et de la stabilité dans notre vie. Ils sont comme des ancres qui nous permettent de nous recentrer, peu importe ce qui se passe autour de nous. Même dans les périodes de stress ou d'incertitude, ces rituels nous rappellent de prendre soin de nous, de nous accorder du temps, et de cultiver notre bien-être.

Créer des rituels de bien-être, c'est aussi apprendre à écouter son corps et son esprit. Chacun d'entre nous a des besoins différents, et ce qui fonctionne pour l'un ne fonctionnera pas nécessairement pour l'autre. Il est donc important de personnaliser ses rituels en fonction de ce qui vous fait du bien. Pour certaines personnes, cela peut être une promenade quotidienne dans la nature. Pour d'autres, cela peut être un moment de lecture, de yoga, ou de prière. L'essentiel est de trouver des activités qui nourrissent votre bien-être et de les intégrer dans votre quotidien de manière régulière.

L'un des pièges dans lesquels je suis tombé au début de ce processus a été de vouloir faire trop à la fois. J'avais une longue liste de rituels que je voulais intégrer dans ma journée, mais très vite, cela est devenu une source de stress plutôt qu'un moment de bien-être. J'ai donc appris à simplifier et à me concentrer sur quelques rituels essentiels. Ce qui compte, ce n'est pas la quantité de rituels, mais leur qualité et leur régularité.

Créer des rituels de bien-être ne signifie pas non plus que vous devez être rigide ou inflexible. La vie est pleine d'imprévus, et il y aura des jours où vous ne pourrez peut-être pas accomplir tous vos rituels comme prévu. Et ce n'est pas grave. L'important est de ne pas se juger ou se culpabiliser, mais de reprendre le fil le lendemain. Ce qui compte, c'est la constance sur le long terme, pas la perfection à chaque instant.

Avec le temps, j'ai découvert que mes rituels de bien-être sont devenus non seulement une source de confort et de stabilité, mais aussi une manière de célébrer la vie quotidienne. Chaque matin, chaque soir, je me reconnecte à moi-même, à mes aspirations, et à mes besoins. Cela m'a permis de vivre avec plus de présence, de gratitude, et d'équilibre.

Si vous souhaitez ancrer le bien-être durablement dans votre vie, je vous encourage à commencer par de petits rituels. Identifiez une ou deux pratiques qui vous apportent du calme, de la clarté, ou de la joie, et engagez-vous à les pratiquer régulièrement. Vous verrez que, peu à peu, ces rituels deviendront des moments précieux dans votre journée, des moments qui vous permettront de rester connecté à vous-même et de nourrir votre bien-être, même dans les moments difficiles.

Chapitre 25

Puiser de la force dans le calme intérieur

Le calme intérieur est une ressource puissante et essentielle dans la quête du bien-être. Dans un monde où tout va vite, où nous sommes constamment sollicités, trouver ce calme devient un acte presque révolutionnaire. La méditation, en tant que pratique pour cultiver ce calme intérieur, a radicalement changé ma manière d'appréhender la vie. Pendant longtemps, je croyais que la force résidait dans l'action, dans la volonté, dans l'effort constant. Mais j'ai découvert que la véritable force se trouve souvent dans le calme, dans la capacité à s'arrêter, à respirer, et à se recentrer.

La première fois que j'ai vraiment ressenti les bienfaits du calme intérieur, c'était après une période de stress intense. Je travaillais sur plusieurs projets en même temps, jonglant entre des responsabilités professionnelles, familiales, et personnelles. Mon esprit était constamment en ébullition, incapable de se reposer. Un jour, à bout de souffle mentalement, j'ai décidé d'essayer quelque chose de nouveau : la méditation. Je n'étais pas sûr de ce à quoi m'attendre, mais je savais que j'avais besoin de faire une pause.

Les premières séances de méditation ont été difficiles. Mon esprit s'emballait, mes pensées fusaient dans toutes les directions, et je me sentais incapable de me calmer. Mais au fil du temps, avec de la pratique et de la patience, j'ai commencé à ressentir un changement subtil mais profond.

Ce qui autrefois me paraissait insurmontable devenait plus gérable. Je découvrais une nouvelle forme de force, celle de la stabilité intérieure.

La méditation, c'est plus qu'une simple pratique de relaxation. C'est un entraînement de l'esprit pour développer la pleine conscience et l'acceptation. J'ai appris à observer mes pensées sans m'y attacher, à ne pas me laisser emporter par elles. Cela ne signifie pas que les pensées disparaissent, mais qu'elles perdent leur emprise sur moi. Avant, chaque pensée négative ou stressante me plongeait dans un tourbillon de stress et d'inquiétude. Maintenant, grâce à la méditation, je peux les regarder passer comme des nuages dans le ciel, sans me sentir obligé de réagir à chacune d'entre elles.

Le calme intérieur que j'ai développé à travers la méditation m'a donné une force nouvelle face aux défis de la vie. Avant, je pensais que pour surmonter un obstacle, il fallait y répondre immédiatement, par l'action ou la confrontation. Mais j'ai découvert que parfois, la meilleure manière de faire face à un problème est de prendre du recul, de faire une pause, et de permettre à l'esprit de se calmer. Cela m'a permis de prendre des décisions plus sages, plus réfléchies, et de ne pas agir sous le coup de l'émotion.

Une des techniques de méditation qui m'a beaucoup aidé est la méditation sur la respiration. En me concentrant simplement sur ma respiration, sur l'air qui entre et sort de mes poumons, je crée un ancrage dans le moment présent. Cela m'aide à apaiser mon esprit et à me reconnecter à moi-même. Lorsque je suis stressé ou que mon esprit est agité, je reviens à ma respiration, et cela me permet de retrouver rapidement un sentiment de calme.

Le calme intérieur n'est pas seulement utile pour gérer le stress ou les défis. Il est également une source de clarté et d'inspiration. Lorsque l'esprit est agité, il est difficile de voir les choses clairement ou de trouver des solutions créatives. Mais lorsque nous cultivons le calme, nous créons de l'espace pour que des idées nouvelles émergent, pour que des solutions apparaissent naturellement. J'ai souvent remarqué que c'est dans les moments de calme et de méditation que les meilleures idées me viennent, que les réponses à des questions difficiles se révèlent.

Une autre chose que j'ai apprise grâce à la méditation, c'est que le calme intérieur n'est pas un état passif. C'est un état d'être actif, où nous sommes pleinement présents à nous-mêmes et au monde qui nous entoure. Lorsque nous méditons, nous ne cherchons pas à fuir nos problèmes ou à nous échapper de la réalité. Au contraire, nous apprenons à être plus ancrés dans le présent, à voir les choses telles qu'elles sont, sans jugement ni attachement. Cela nous permet d'aborder la vie avec plus de sérénité et de force.

Le calme intérieur est aussi une forme de résilience. Lorsque nous cultivons ce calme, nous devenons moins réactifs face aux situations difficiles. Nous sommes capables de rester stables, même lorsque les circonstances extérieures sont chaotiques. Cette stabilité intérieure nous permet de traverser les tempêtes de la vie sans être emportés par elles. J'ai découvert que même dans les moments de grande incertitude, je pouvais trouver un refuge dans mon calme intérieur, et cela m'a donné une force inestimable.

La méditation n'est pas une pratique que je réserve uniquement aux moments de stress, mais quelque chose que je fais régulièrement pour nourrir ce calme intérieur. Même quelques minutes par jour suffisent à renforcer ce sentiment de paix et de stabilité. Et chaque fois que je me sens dépassé, je sais que je peux toujours revenir à ce calme, à cette respiration, pour retrouver ma force intérieure.

Si vous n'avez jamais pratiqué la méditation ou si vous avez du mal à trouver ce calme intérieur, je vous encourage à commencer petit. Même quelques minutes de silence, où vous vous concentrez simplement sur votre respiration, peuvent faire une énorme différence. Avec le temps, vous développerez cette capacité à vous reconnecter à vous-même, à puiser de la force dans le calme, et à affronter les défis de la vie avec plus de sérénité et de clarté.

Chapitre 26

Apprendre à se relever après une chute

Tomber fait partie de la vie, tout comme se relever. Nous faisons tous face à des moments difficiles, des échecs, des obstacles inattendus. Mais ce qui détermine vraiment notre capacité à avancer, ce n'est pas seulement la gravité de la chute, mais notre aptitude à nous relever et à continuer. Apprendre à se relever après une chute est une leçon que j'ai apprise à travers mes propres expériences, et c'est une qualité essentielle pour persévérer et réussir.

La première chose que j'ai comprise, c'est que les chutes font partie intégrante du parcours de chacun. Quand nous sommes jeunes, nous tombons en apprenant à marcher, nous tombons en jouant, et pourtant, nous nous relevons toujours. Mais en grandissant, nous avons parfois tendance à associer l'échec à la honte ou à la faiblesse. Nous nous jugeons sévèrement pour nos erreurs, et parfois, la peur de l'échec nous paralyse au point de nous empêcher de prendre des risques.

L'une des périodes les plus difficiles de ma vie a été marquée par un échec professionnel majeur. J'avais investi beaucoup de temps, d'énergie, et de passion dans un projet qui, malgré tous mes efforts, n'a pas abouti. À ce moment-là, j'ai ressenti une profonde déception. Je me suis remis en question, doutant de mes compétences, de mes choix, et même de ma valeur. Pendant un certain temps, je me suis enfermé dans cet échec, refusant de regarder en avant, paralysé par la peur de revivre un tel échec.

Ce que j'ai fini par comprendre, c'est que rester à terre ne change rien. C'est en me relevant, en choisissant d'apprendre de cette expérience plutôt que de la laisser me définir, que j'ai pu avancer. Cette période de doute et de remise en question, bien qu'extrêmement douloureuse, m'a appris que chaque chute est une opportunité de grandir. Ce n'est pas l'échec en lui-même qui détermine notre avenir, mais notre capacité à en tirer des leçons et à rebondir.

Se relever après une chute demande avant tout une forme de résilience. Il s'agit d'accepter que les choses ne se sont pas passées comme prévu, mais de refuser de laisser cette expérience vous empêcher d'aller de l'avant. La résilience, c'est la capacité à transformer les échecs en apprentissages, à voir les défis comme des opportunités de croissance plutôt que comme des obstacles insurmontables.

Un autre aspect important de la persévérance est de changer notre perception de l'échec. Plutôt que de le voir comme une fin en soi, il est important de le considérer comme une étape dans un processus d'apprentissage. Les personnes qui réussissent ne sont pas celles qui ne tombent jamais, mais celles qui se relèvent chaque fois qu'elles tombent. Elles voient l'échec non pas comme une preuve de leur incompétence, mais comme une indication de ce qui doit être amélioré. Cette approche m'a permis de modifier ma relation à l'échec. Aujourd'hui, quand je fais face à un revers, je me demande : "Qu'est-ce que cela m'enseigne ? Comment puis-je utiliser cette expérience pour m'améliorer ?"

Un autre aspect essentiel pour se relever après une chute est l'auto-compassion. Trop souvent, nous sommes notre propre critique le plus sévère. Lorsque nous échouons, nous avons tendance à nous blâmer, à nous juger durement, et parfois même à abandonner nos rêves parce que nous croyons que nous ne sommes pas à la hauteur. J'ai appris que pour persévérer, il faut d'abord être bienveillant avec soi-même. Nous devons reconnaître que l'échec fait partie de la vie et qu'il n'y a pas de honte à tomber. En fait, chaque échec est une occasion de montrer notre force intérieure en nous relevant.

La persévérance incarnée, c'est aussi accepter que le chemin vers la réussite n'est pas linéaire. Il y aura des hauts et des bas, des moments de doute et des moments de triomphe. Mais ce qui compte vraiment, c'est de continuer à avancer, même quand les choses semblent difficiles. Chaque petite action que vous faites, chaque pas que vous faites pour vous relever, vous rapproche de votre objectif. La clé est de ne pas abandonner, même lorsque la situation semble insurmontable.

Ce qui m'a aidé à persévérer après mes échecs, c'est de me rappeler que le succès ne se mesure pas uniquement en termes de résultats extérieurs. Le simple fait de continuer, de persévérer malgré les obstacles, est en soi une forme de succès. Chaque fois que je me suis relevé après une chute, j'ai renforcé ma confiance en moi, ma capacité à faire face aux défis, et ma résilience. Ces qualités, bien plus que les résultats concrets, sont ce qui m'a permis de continuer à avancer.

La persévérance, c'est aussi s'entourer des bonnes personnes. Lorsque nous tombons, il est facile de se sentir seul et isolé.

Mais avoir un réseau de soutien, que ce soit des amis, de la famille, ou des mentors, peut faire une grande différence. Ces personnes nous rappellent que nous ne sommes pas seuls dans notre parcours et que l'échec est une expérience partagée par tous. Leur soutien nous donne la force de nous relever, même quand nous n'en avons pas envie.

Enfin, il est important de se rappeler que chaque chute, aussi douloureuse soit-elle, est une étape vers la réussite. J'ai appris à voir mes échecs comme des pierres d'apprentissage, comme des moments qui m'ont permis de m'améliorer et de grandir. Aujourd'hui, je suis reconnaissant pour chaque chute, car elles m'ont permis de devenir la personne que je suis aujourd'hui.

Si vous faites face à un échec ou à une chute en ce moment, je vous encourage à ne pas abandonner. Prenez le temps de guérir, d'apprendre de cette expérience, mais ne laissez pas cet échec définir votre avenir. Vous avez en vous la force de vous relever, de persévérer, et de continuer à avancer. Chaque fois que vous vous relevez, vous renforcez votre résilience, et c'est cette résilience qui vous mènera à votre réussite, quoi qu'il arrive.

Chapitre 27

La joie intérieure

La joie intérieure est un état d'esprit qui transcende les circonstances extérieures. Pendant longtemps, j'ai cru que la joie dépendait de ce qui se passait autour de moi : des événements heureux, des réussites, ou des moments agréables. Mais au fil du temps, j'ai découvert que la véritable joie vient de l'intérieur, et qu'il est possible de la cultiver, même dans les moments difficiles.

La joie intérieure ne dépend pas de l'absence de problèmes, mais de notre capacité à trouver de la lumière, même au milieu de l'obscurité. Cela ne signifie pas que nous devons ignorer nos difficultés ou prétendre que tout va bien lorsque ce n'est pas le cas. Il s'agit plutôt d'adopter une attitude de gratitude et d'apprécier les petits moments de bonheur qui se présentent à nous chaque jour.

L'un des moments où j'ai vraiment compris l'importance de la joie intérieure a été lors d'une période de grande incertitude dans ma vie. J'étais confronté à des défis personnels et professionnels, et tout semblait aller de travers. Pourtant, un jour, alors que je prenais une simple promenade dans la nature, j'ai ressenti une profonde sensation de paix et de joie. Ce n'était pas parce que mes problèmes avaient disparu, mais parce que j'avais choisi, à ce moment précis, de me concentrer sur la beauté qui m'entourait : le chant des oiseaux, la douceur du vent, la lumière du soleil à travers les arbres. C'est à ce moment-là que j'ai réalisé que la joie intérieure est un choix. Nous pouvons choisir de trouver de la joie dans les petites choses, même lorsque les grandes semblent hors de portée.

La gratitude est une pratique essentielle pour cultiver la joie intérieure. Trop souvent, nous nous concentrons sur ce qui manque dans notre vie, sur nos problèmes ou sur ce que nous aimerions changer. Mais en nous concentrant sur ce que nous avons déjà, sur les bénédictions qui nous entourent, nous ouvrons la porte à la joie. Chaque jour, je prends quelques minutes pour réfléchir à ce pour quoi je suis reconnaissant. Cela peut être quelque chose de simple, comme une tasse de thé chaud, une conversation agréable, ou un coucher de soleil. Ce rituel de gratitude m'a aidé à changer ma perspective et à trouver de la joie, même dans les moments difficiles.

Un autre élément clé pour cultiver la joie intérieure est l'attention au moment présent. Lorsque nous sommes constamment préoccupés par le passé ou anxieux pour l'avenir, nous passons à côté des moments de bonheur qui se trouvent ici et maintenant. La méditation et la pleine conscience m'ont beaucoup aidé à rester ancré dans le moment présent et à apprécier la vie telle qu'elle est, plutôt que telle que je voudrais qu'elle soit. En étant pleinement présent, je suis plus à même de savourer les petits moments de joie et de légèreté qui parsèment chaque journée.

La légèreté est aussi un élément important de la joie intérieure. Trop souvent, nous prenons la vie trop au sérieux. Nous nous accrochons à nos responsabilités, à nos soucis, et nous oublions de rire, de jouer, de profiter des moments de détente. J'ai appris que vivre avec légèreté ne signifie pas fuir nos responsabilités ou ignorer nos problèmes, mais plutôt adopter une attitude plus détendue face à la vie. Cela signifie ne pas se laisser écraser par les difficultés et se rappeler qu'il y a toujours de la place pour la joie, même dans les moments les plus sombres.

Pour moi, la joie intérieure est devenue une boussole. Chaque fois que je me sens submergé par le stress ou les soucis, je fais une pause et je me demande : "Où est la joie dans ce moment ?" Parfois, il suffit de prendre une grande respiration, de fermer les yeux, et de se reconnecter à ce sentiment de paix et de gratitude. Parfois, il s'agit de faire quelque chose qui me fait plaisir, comme écouter de la musique, danser, ou passer du temps avec des amis. La joie ne réside pas toujours dans de grandes réalisations, mais souvent dans les petites actions quotidiennes qui nourrissent notre âme.

Il est également important de se rappeler que la joie intérieure ne dépend pas des circonstances extérieures. Bien sûr, il y aura des moments où la vie sera difficile, où nous serons confrontés à des défis et à des pertes. Mais même dans ces moments-là, nous pouvons choisir de cultiver la joie. Nous pouvons choisir de ne pas nous laisser abattre par les circonstances, mais de trouver des raisons de sourire, de rire, et d'apprécier la vie, malgré tout.

Vivez avec beaucoup plus de légèreté et d'enthousiasme. Cela ne signifie pas que ma d'être exempte de défis ou de moments difficiles, mais il faut apprendre à trouver de la joie dans le voyage, même lorsque le chemin est accidenté. Si vous avez du mal à trouver de la joie dans votre vie, je vous encourage à commencer par de petits pas : prenez quelques minutes chaque jour pour être reconnaissant, trouvez des moments pour rire, et rappelez-vous que la joie

intérieure est un choix que vous pouvez faire, à chaque
instant.

Chapitre 28

Vivre en harmonie avec ses aspirations profondes

Vivre en harmonie avec ses aspirations profondes est essentiel pour trouver un véritable équilibre intérieur et un sentiment de paix. Trop souvent, nous vivons selon les attentes des autres, en poursuivant des objectifs qui ne nous correspondent pas vraiment, simplement parce que nous pensons que c'est ce que nous "devrions" faire. Mais lorsque nous nous éloignons de nos aspirations profondes, nous ressentons une dissonance intérieure, un sentiment de mal-être qui nous empêche de nous épanouir pleinement.

Personnellement, j'ai longtemps vécu en essayant de répondre aux attentes extérieures. Que ce soit dans ma carrière, dans mes relations, ou dans mes choix de vie, je me laissais guider par ce que je pensais être le chemin "correct" à suivre. Mais peu à peu, je me suis rendu compte que je m'éloignais de ce qui comptait vraiment pour moi. Je ne vivais pas en accord avec mes valeurs, mes passions, et mes aspirations profondes, et cela créait une frustration grandissante.

Vivre en harmonie avec ses aspirations profondes, c'est d'abord apprendre à se connaître soi-même. Cela demande du temps, de la réflexion, et parfois même du courage pour accepter que nos véritables désirs peuvent différer de ce que les autres attendent de nous. Il m'a fallu du temps pour me poser les bonnes questions : Qu'est-ce qui me fait vraiment vibrer ? Qu'est-ce que je veux accomplir dans cette vie ?

Quelles sont les valeurs qui sont vraiment importantes pour moi ?

Une fois que nous avons identifié nos aspirations profondes, l'étape suivante est d'aligner nos actions avec ces aspirations. Cela peut parfois signifier prendre des décisions difficiles, quitter un emploi qui ne nous satisfait plus, mettre fin à une relation qui ne nous nourrit plus, ou changer de direction dans notre vie. Mais ce processus d'alignement est essentiel pour vivre une vie qui a du sens et qui nous procure un véritable sentiment d'accomplissement.

J'ai appris que vivre en harmonie avec ses aspirations profondes ne signifie pas que tout sera toujours facile ou que nous ne rencontrerons jamais d'obstacles. Mais cela signifie que, même dans les moments de difficulté, nous savons que nous avançons dans la bonne direction, en accord avec ce qui compte vraiment pour nous. Cela nous donne la force de persévérer et de surmonter les défis, car nous savons que nous sommes sur notre propre chemin, et non sur celui dicté par les autres.

Conclusion

Vers un bien-être durable

Le chemin vers le bien-être durable est une quête continue, un voyage plutôt qu'une destination finale. À travers les pages de ce livre, nous avons exploré différentes facettes du mieux-être, des pratiques pour cultiver un équilibre intérieur et des outils pour surmonter les défis de la vie. Mais le plus important, c'est de comprendre que le bien-être durable ne se trouve pas uniquement dans les moments de calme ou de succès. Il s'agit de développer une approche globale qui nous permet de naviguer à travers les fluctuations inévitables de la vie avec résilience, clarté et compassion envers nous-mêmes.

Pendant longtemps, j'ai cherché des solutions rapides pour me sentir mieux. Je pensais que si je pouvais simplement régler tel ou tel problème, tout irait bien. Mais ce que j'ai appris, c'est que le bien-être durable ne repose pas sur l'absence de problèmes, mais sur la manière dont nous les abordons. Il s'agit de développer une capacité à rester ancré, à rester en paix, même au milieu des tempêtes.

Le bien-être durable, c'est avant tout une question d'équilibre. Il ne s'agit pas de toujours se sentir heureux ou en contrôle, mais de savoir revenir à cet équilibre intérieur lorsque les choses se déséquilibrent. La vie est pleine de hauts et de bas, et il est normal de connaître des moments de doute, de stress ou de tristesse. Ce qui fait la différence, c'est notre capacité à ne pas nous laisser emporter par ces moments, à reconnaître nos émotions sans nous y attacher, et à revenir à un état de calme intérieur.

Une des clés du bien-être durable est la pratique régulière des outils que nous avons abordés dans ce livre. Que ce soit la méditation, la respiration consciente, ou les rituels de bien-être, ce sont ces pratiques quotidiennes qui nous permettent de maintenir un équilibre stable. Je sais que, pour moi, ces pratiques sont devenues des piliers de ma vie. Elles ne sont plus des choses que je fais uniquement lorsque je me sens mal, mais des habitudes qui nourrissent mon bien-être jour après jour.

Un autre aspect essentiel du bien-être durable est l'acceptation de soi. Trop souvent, nous nous jugeons sévèrement lorsque nous ne nous sentons pas bien, lorsque nous faisons des erreurs, ou lorsque nous ne répondons pas à nos propres attentes. Mais le bien-être durable passe par la bienveillance envers soi-même, par la capacité à se pardonner et à accepter que nous sommes humains, avec nos forces et nos faiblesses. J'ai appris que l'acceptation de soi est un acte de guérison en soi. En nous acceptant tels que nous sommes, nous créons un espace pour grandir et évoluer, sans la pression constante de la perfection.

Le bien-être durable est aussi une question de relations. Nous ne vivons pas isolés, et nos relations avec les autres ont un impact immense sur notre bien-être. J'ai découvert que cultiver des relations authentiques, basées sur la confiance, le respect et la bienveillance, est essentiel pour maintenir un équilibre émotionnel. Cela signifie aussi poser des limites saines et se protéger des relations toxiques qui épuisent notre énergie.

Enfin, le bien-être durable repose sur une vision plus large de la vie. Il ne s'agit pas seulement de gérer notre bien-être au jour le jour, mais aussi de trouver un sens à ce que nous faisons, à nos actions, et à notre place dans le monde. Pour moi, cela signifie vivre en accord avec mes valeurs profondes, poursuivre des objectifs qui sont vraiment importants pour moi, et contribuer de manière positive à ma communauté. Lorsque nous avons un but clair, un sens à notre vie, cela nous donne une direction, un fil conducteur qui nous aide à rester centré, même lorsque les choses deviennent difficiles.

Aujourd'hui, je vis avec beaucoup plus de sérénité et de clarté qu'auparavant. Cela ne signifie pas que je ne traverse plus de moments difficiles, mais j'ai développé les outils et les ressources intérieures pour les affronter avec résilience. Le bien-être durable est un processus, une pratique constante qui nous permet de naviguer à travers les hauts et les bas de la vie avec plus de légèreté.

Si vous vous engagez dans ce chemin vers le bien-être durable, rappelez-vous que cela ne se fait pas en un jour. Il y aura des moments où vous vous sentirez découragé, où vous aurez l'impression de stagner ou de reculer. Mais chaque petit pas compte. Chaque moment où vous choisissez de vous recentrer, de prendre soin de vous, de pratiquer la gratitude ou de méditer, vous rapproche de cet équilibre intérieur. Le bien-être durable est à la portée de chacun d'entre nous, et je vous encourage à continuer sur ce chemin avec patience, bienveillance et persévérance.

Je vous remercie pour votre lecture attentive et je vous souhaite sincèrement de vous en sortir. Vous en avez le pouvoir et je suis certain que vous y parviendrez.

9 7 9 8 3 4 4 1 0 8 1 1 7